大学生思想理论热点难点问题工作室

信仰告白

邱 吉 主编

中国青年出版社

序

　　每年的秋季学期，当怀揣美好梦想的大学生们对大学生活的好奇心和新鲜感过后，他们会发现，大学期间的很多新问题和新困惑不断向他们袭来，既有生活方面的问题，也有学业方面的问题，还有人生理想目标方面的问题。尤其对后者，他们在内心深处会不断地问：曾经的目标业已实现，未来的路将如何走？应该带着什么继续上路生活才会更充实？如何使自己的人生走得更坚实、更有意义、更幸福？随着追问的深入，信仰问题也渐趋浮出水面。于是，关于信仰及人生意义、人生价值的问题，便成为《思想道德修养与法律基础》课师生之间对话的一项重要内容。为了回答学生们关心的问题，2012年，在中国人民大学刘建军教授主持下，我们将全国部分高校教师平时回答学生信仰困惑的信件收集起来，经过筛选编辑成册，即《信仰书简：与当代大学生谈理想信念》，该书已于2012年年底由中国青年出版社出版了。

　　这本对话册一经出版，在全国引起了强烈的反响，《中国教育报》《中国青年报》《光明日报》《博览群书》等十多家报刊相继做了报道，并获得了2013年"中宣部、国家新闻出版广电总局第五届优秀通俗理论读物推荐活动"入选图书。一些读者来信，特别是一些高校的老师，提出能否将学生们平时关于信仰问题的困惑或思考更详细地呈现出来的要求。

　　经过研究，我们决定把学生们平时写的关于信仰的作业或课后发给教师们的感悟，进行筛选整理，作为《信仰书简：与当代大学生谈理想信念》的续篇，以公开出版的方式与读者见面。这里所选取的群体，是刚刚进入大学不久的新生。其考虑主要有三点：一是让大家了解大学生思考信仰与人生问题的真实情况；二是让大家了解刚刚步入大学的学生，从哪些角度关心信仰与人生的问题；三是让大家了解还未经过大学深入影响的学生，他们思考信仰与人生问题的程度及水平究竟如何。

什么是信仰？怎样认识信仰？是否人人都需要信仰并且人人都有信仰？个人应该如何选择信仰？当代中国人应该有怎样的信仰？大学生对信仰问题的这些思考与追问，不只是这一特定群体的特殊问题，而是时代共性问题的折射。因为这些问题既没有离开社会对信仰问题的关注范围，也没有离开学者研究的视野，所以，他们的思考与追求具有时代共性。

另一方面，他们对信仰的思考又因为年龄和阅历的关系而表现出一定的特殊性：他们不仅从一般意义上关注信仰与自然、社会、国家和个体人生之间的关系，而且从其特定的人生阶段出发，关注信仰与学业、恋爱、婚姻、苦乐、审美等之间的关系。虽然他们在理论方面尚不能清晰地划分理想、信念、信仰之间的界限，把理想、信念等同于信仰，甚至将信仰问题或世俗化、简单化、神圣化，但这并不妨碍他们对人生意义和人生价值的积极思考与追问。从这个角度看，无论思考的结果如何，都是值得肯定的，更何况，大学教育的一项重要任务，就是引导学生学会思考。至于思考的正确性，一方面有待教育的进一步引导，另一方面，也有待他们亲身实践的检验。

在一封没有被收录的感悟信中，一个学生这样写道：信仰人人需要，对人人都有作用。只是不同的人，由于知识、阅历和文化层次不同，人的信仰内容和信仰方式存在巨大差异。如一位白发苍苍的老奶奶，为了救自己的孙子，虔诚地磕着长头，爬上了海拔三千多米的"神山"，祈求神的保佑，免除孙子的病痛。她还颤颤悠悠地从衣服的里层拿出了平时省吃俭用的钱，献给神山。是什么原因支撑她有这一系列的举动？是信仰。因为在她心中，无形的"神"主宰着她一家的命运。但方志敏烈士在《可爱的中国》一书中表现出来的信仰，与老奶奶相比，就有着明显的区别。方志敏烈士写道：为着阶级和民族的解放，为着党的事业的成功，他不稀罕美丽的大厦，宁愿居住在卑陋潮湿的茅棚，不稀罕美味的西餐大菜，宁愿吞嚼刺口的苞粟和菜根，不稀罕舒服柔软的钢丝床，宁愿睡在猪栏狗厩似的住所里……方志敏烈士之所以有这样的精神，是因为他相信，到"那个时候，到处都是活活泼泼的创造，到处都是日新月异的进步，欢歌代替了悲叹，笑语代替了哭脸，富裕代替了贫穷"。虽然他没能够进一步对自己的观点加以阐述，但我们是否可以从这样的文字中做如下推理，如果这个学生继续往下表达，是否在他的内心里应该得出这样的结论：寻求民族解放、建设一个美丽的新中国是方志敏烈士的信仰，这个信仰成为支撑他行动的全部精神力量；白发苍苍的老奶奶无法理性地认知到她的行为源于她的信仰，但方志敏烈士的行为，却是他坚定的共产主义信仰的集中反映，是理性而自觉的。退一步看，即便这个学生最终不是这样推理的，但就从他选取的两个风格完全不同的案例来说明他对信仰的看法，也至少在一定程度上反映了他的基本价值取向。

从我们所选的文章内容看，大学生们涉及的主要问题大致包括以下几方面内容：

对信仰功能的认同。大学生们都基本认同信仰是人之为人不可或缺的精神元素，是人的社会规定性的具体表现。它既为个体发展确定方向，也是个体战胜困难和挫折的精神动力，为人们的生存和发展提供正能量。所以，在他们看来，有信仰的人，既不怨天尤人、自暴自弃，也不自不量力、违背天道；无论遇到什么困难和挫折，总能够保持淡定的心态，做事执着、刚毅。虽然他们中的不少人承认自己没有笃定的信仰，但他们不否认信仰的上述作用和功能。

无论是真、善、美，还是拼搏、奋斗、进取的内容，都被大学生们纳入信仰的范畴。这是时代价值多元性在大学生信仰问题上的具体反映。大学生们对真、善、美的理解，对社会现实中假、丑、恶的诟病，对自我人生困顿的质疑，对拼搏奋进意义及价值的诠释，虽然有的深刻、有的浅显，但都是他们在这个特殊年龄段对社会、人生思考的真实反映。

谈及信仰，都免不了要谈及宗教信仰。世界上的几大宗教，都有其悠久的历史和文化，信徒众多。但大学生们对宗教信仰的理解、认同和信奉千差万别。他们中既有将宗教看得至高无上，对宗教信仰持积极肯定态度甚至信仰宗教之人，也有对宗教信仰感兴趣但仍存质疑的人。笃定者认为，无论是至高无上的神或主，都能够对人的行为具有无形的、内在的道德约束力；质疑者认为，从古至今，因信仰派别的差异性而发动的战争依然在延续，为此，他们在对宗教感兴趣的同时，质疑宗教的合理性和伦理价值。从这个角度去审视大学生的宗教观，我们能够发现他们思考深刻的一面。他们认为，今天世界上发生的一系列矛盾冲突，虽然表现形式是地区之间的冲突和摩擦，这除了与美欧的霸权主义行为有关外，也与宗教派别冲突有关。每一次冲突都或多或少地造成经济的衰退，严重时，甚至能够波及全世界，造成世界性经济危机。因为这些怪象背后，除了经济利益、政治权谋和军事冲突等因素外，还与西方的文化有关，尤其是与宗教文化的深层价值有直接的联系。学生们的这些思考，不是毫无根由的。对此，早在18世纪后期，尼采就指出：怨恨、复仇是基督教道德观形成的根由，他提出"重估一切价值"的思想；罗素也曾经对西方的宗教原罪观念和狂热性进行了尖锐的抨击，他认为，这种文化上的特质，必然造成人与自然、人与人、人与自身内心的冲突，进而也必然导致人的焦虑感。这些思考，既是教育者可以引导学生对宗教及宗教信仰进行全面解读的一个视角，同时也表明大学生信仰教育尚有广阔的空间，值得教育者去做深度探寻。

近些年，随着国学热的兴起，国学中的内在价值被越来越多的人认识，尤其是国学中的宇宙观和人生观为越来越多的人所热衷。出自庄子、被儒家发扬光大的"内圣外王"的思想，不仅成为中国知识分子在思想上认同的理想人格，也成为中国知识分子在行为追求上的重要坐标，它既有内容上的丰富性，也有境界上的空灵性和唯美性。"穷则独善其身，达则兼济天下"，"士不可以不弘毅，任重而道远"，"为天地立心，为生民立命，为往圣继绝学，为万世开太平"等等，都是中国知识分子个人抱负和群体共同理想与人生追求的折射。这些内容，也被今天的大学生们纳入自身信仰追求的范畴。

生长在社会主义中国的青年，长期接受马克思主义思想熏陶，马克思主义、社会主义和共产主义理想信念，也自然而然被一些大学生们视为自己的人生理想和人生抱负，并成为他们终生为之奋斗的政治信仰。这一信仰，不仅包括对现行政治理论的深刻理解和认知，也包括对现行社会制度和意识形态的认同，还包括对现行社会建设的参与。其中涉及和反映出来的政治理性和政治心态问题，也是一定程度上社会政治心理的反映；这种心理既是政治稳定和发展的基本要求，也可以作为预估未来社会政治信仰的晴雨表，以预测未来社会政治信仰的走向。

　　总之，这本集子，是当代大学生对信仰问题追问与思考的一个集结，不同程度地反映了当代大学生生活信仰、科学信仰、宗教信仰和政治信仰方面的基本状况。如果您能够耐心将这些文字读完，也许您对中国的未来会充满希望，至少也不会太失望！

邱　吉

2013 年 9 月 5 日于中国人民大学人文楼

目录

二、追求真善美 ———————————— 053

三、生活与信仰同在 ———————————— 121

四、信仰红色中国 ———————————————————— 171

五、不忘儒释道 —————————— 209

一、信仰的力量

1.
信仰的三维度
2010 级经济学院／林梦子

当我问起我的舍友什么是信仰的时候，他们的回答多种多样，有人说吃饱了就是他的信仰，有人说他的信仰是对自由的向往，有人说信仰是推动自我实现目标的精神力量，甚至有人认为人类终将走向灭亡，悲观主义也是一种信仰。其实，我们这一代年轻人中大多数人并不具有严格意义上的狭义的信仰，但对于信仰的认识和理解都没有脱离其基本含义：自我未来生活的理想境界，或对于终极世界的认识和看法。

那信仰是什么呢？在我看来，信仰就是在自我的成长经历及环境的影响下建立的人生信念，并对这一信念崇尚敬仰，坚信一生。信仰是主观的、动态的、立体的，从不同的视角来看信仰，都可以看到信仰不同的三个维度。

随着年龄的增长和学习的深入，我们从学校学到了更多的科学知识，尤其在学习了深奥的自然科学之后，便接触到了纯粹理性的科学信仰；在生活中，有人供奉佛像烧香念经或者剃度出家入寺参禅，有人每天手捧《圣经》做着祈祷或者周末去教堂做礼拜。可见，宗教也是一种较为普遍的信仰；自思想启蒙运动开始，民主与自由便成了西方世界中许多人为之奋斗的信仰追求，黑格尔唯心主义哲学、康德纯粹理性主义、马克思列宁主义思想等等也同样融入到了普遍的人生哲学之中，有的甚至演变成一个国家的集体信仰。

科学、宗教与主义这三种信仰的不同表现形式是目前人类信仰世界的主角；狭义的信仰往往就是指宗教信仰，而随着人类对于自然的科学认识和探究不断加深，许多人也慢慢建立起对于科学的信仰，同时，主义作为人类哲学思想的体系化的精炼，仍然深深地影响着很多的人，但信仰的多样性并不止于这三个方面，许多人往往具有的只是宽泛的信仰，即更浅层次的所谓信念。

春秋时期诸子百家思想中，有道家对于自然而与世无争的生活的追求，有儒家入世达济天下的抱负，有墨家兼爱非攻的博爱情怀。中国古代四大名著也分别表达了四种不同的人生信念，如《三国演义》里的群雄争斗，《水浒传》中的义气江湖，《西游记》中的仙妖世界，《红楼梦》里的儿女情长。这些信念往往也可以成为一个人的信仰追求。

信仰在宏观上可以说是社会文化核心价值体系的重要一环，在微观上则是基于个人客观成长环境及时代背景的主观选择。信仰既体现了一个人是如何认识世界的（即世界观），又是一个人人生观的核心，同时也代表着一个人对于人生价值的终极追求，人的三观都有一个动态的、发展变化的形成和建立的过程，因而信仰的主观性和动态变化也是显而易见的。

信仰具有深刻的时代烙印。在与自然共生的远古部族时代，人们出于对自然力量的畏惧和敬仰而产生了各种各样的自然崇拜；在生产力达到一定层次且渐趋稳定的农业时代，人们开始通过丰富的想象结合人类生活经验架构了一个神的世界，宗教成为狭义信仰的唯一表现方式。而对于现当代的中国人而言，中国共产党带领人民群众建立独立自主的社会主义国家，使得马克思主义成为众多中国人的共同政治信仰；在改革开放以后，随着社会经济的快速发展和思想的开放，西风东渐，人们对于物质的追求开始极大地影响人们精神世界的信仰建构，拜金主义、实用主义、极端个人主义等开始渗透到人们的生活和信仰之中。我们是生活在中国经济腾飞阶段的90一代，安逸富足的生活会给我们带来什么样的信仰呢？也许我们没有像第一代独生子女80一代那样经历过社会变革期的剧烈动荡，并且需要背负沉重的社会和生活压力，也就很少有诗人海子一般悲观主义的社会情绪和信仰追求，也没有00后新世纪一代那么恣意张扬，90年代的烙印就是人们单纯的对于美好生活的向往并乐观积极地为理想不懈奋斗。所以90一代的信仰是简单而普通的，过好当下的生活，并通过努力而有美好的未来。这一代的信仰就是这么单纯而美好。

就我个人而言，我并不认为我已经准备好接受一个单一狭义的信仰，我认同儒家思想中的天下大同，也向往道家和谐超然的境界，对于佛家出世悟禅的人生之法也颇有兴趣。

我觉得人的信仰是可以有层次的，人生的追求也同样可以分为物质人生和精神人生两个层面，再加上理想世界的终极追求，信仰就可以广义地分为三个维度：现世信仰、精神信仰和究极信仰。所谓现世信仰，所指的是人对于当下生活的信仰，即物质人生的信仰。现世不仅仅包含现实的世界，同时着重强调并局限在当今的一世人生。因而现世信仰体现了一个人对于当下人生和物质生活的认识和追求，可以是追求物质享乐或者拜金主义，也可以是勤俭节约、普通而平凡的生活。所谓精神信仰，即精神人生的信仰，既包括一个人作为个体对于自我的认识和存在价值的判断，也包含其对于自我精神世界的认识和建构，可以是庄周梦蝶化鹏神游一般自由缥缈，也可以是基督救世或者女娲造人的宗教神学。所谓究极信仰，既包含个人对于人类整体自身的认识和存在价值的关切，亦包含其对于整个人类未来理想世界的认识和终极追求。这里所提到的究极是与终极有所区分的，终极所表达的是中性概念，只是客观强调了最终穷尽的结果，而究极所表达的是经过主观探究和追究过的最终结果，是具有主观印象和目的的。所以究极信仰是一个人主观探究并追究过且负责任的信仰建构，而并非是一个人凭空想象和捏造的，如社会主义的终极理想——共产主义，或者天下为公、世界大同的理想社会都可能成为究极信仰。

我的现世信仰就是儒家入世之道，修身齐家达济天下；我的精神信仰就是佛道出世之法，灵动超然博爱自然；我的究极信仰即是和谐世界社会大同。对于每一个普通人来说，生活就是他全部的信仰，尤其是生活在华夏土地上的中国人，在传统中华文化的深深影响下，和平年代的信仰就是拥有一个美好富足的未来。

2.
平凡与伟大相得益彰

2013 级外国语学院／赵子仪

　　康德说过，有两种东西，我们越是经常、越是执着地思考它们，心中越是充满永远新鲜、有增无减的赞叹和敬畏——我们头上的灿烂星空，我们心中的道德法则。十八九岁的我们，涉世未深，谈不上什么信仰，更没有"为万世开太平"的能力。于我，信仰仅是有所畏、无所畏。

　　愈是来到大城市，我愈发清晰地感受到，我们作为生命个体的渺小与无奈。年少时同伴们手牵手一起玩耍，走过宽阔而美丽的田野，现在则是进入"莽莽森林"，紧牵的手松开了，各自走各自的路，穿越荆棘冷暖自知。就好像一个人走在漆黑悠长的走廊，渴望一束光，照亮前方的路。这时，我们便需要信仰。那么我们信仰神还是人？逝去的还是永存的？我们无从考量。只是隐约有一种需要信仰的声音叩击心灵。我们需要赞叹需要敬畏。

　　自然，这将是我永恒的信仰。太阳以其永不枯竭的能量拥抱万物、给予生命；地球以其宽广博大的胸怀涵养生灵、孕育希望；雨水以其无处不在的奥妙滋养大地、灌溉生命……我景仰自然，景仰这个宇宙中一切神奇而又科学的事物。我愿终己一生探索发现我的生存家园。我愿在此刻让平凡与伟大相得益彰。或许人类的信仰中掺杂些许迷信、迷茫与畏惧，但我们对于自然的信仰一定要理性。远古时代，人类的能力尚弱，对于自然充满近乎愚顽的崇敬。面对自然灾害，他们除了祈祷别无他法。工业时代，人类已掌握基本的科学理论知识，初步具备了改造自然的能力，开始无所畏地开矿填海。自然的报复便随之而来。我向往着一个足够发达的时代，我们对自然的认识趋近完整，我们对自然的态度已是理性的有所畏、无所畏。我们理性地尊重自然、开发自然，与自然和谐相处。这便是我的信仰之一。

与作为实物存在的自然相比，我更加敬畏理性人士心中的道德律。它是一个以人格为基点，超越时空的真正无限的全社会共同认可并遵守的普遍价值标准和行为规范；它具有独立于其他动物，超越自然的特性。正是它赋予了人生命的意义和价值，让我更加崇敬人的理性。在茫茫宇宙中，在拥挤的大都市中，每一个以个体存在的人都渺小而卑微，但是一旦他的体内被赋予道德律，他的灵魂便得到升华，平凡与伟大在他的体内相得益彰，闪耀出人性的光辉。

"人是一根能思想的苇草。"当我们运用思想和智慧，便能产生巨大影响力。我信仰道德律，我信仰智慧，我信仰人类的美好与强大。有了道德律，人与人才能和谐相处，社会才能平衡有序地运转；有了智慧，人类才能攻克许多难题，实现更加美好的生活。

人类虽有极高的智慧，却依旧需要有所畏。在自由的同时我们要考虑自己的义务与别人的权利，在享乐的同时我们要考虑自己的工作与责任，在做事之前我们要考虑此事的影响与后果，以免造成不必要的麻烦……只有当我们在平凡的小事中做到有所畏，才能达到灵魂升华。

人类是无比伟大的物种，而单个的人却是平凡的，这便是平凡与伟大相得益彰。

这是我的信仰，这是我信仰的世界状态！

3.
人犹如葵，向阳而生

2011级财政金融学院／王惠

天很蓝的时候，仰头望望天，祈祷神明的保佑，这——是信仰；

水很清的时候，弯腰吻吻水，聆听生命的延续，这——是信仰；

大地万物静谧生长的时候，屏住呼吸，冥冥中感受自然的召唤，这——是信仰。

一个人，用最虔诚，最纯洁的心，渴望着，相信着，这——是信仰；

一个人，尽管受尽挫折与困难，仍然不忘最初的梦想，步履沉重，却从未放弃，这——是信仰；

一个人，阅人世百态，穿梭红尘之中，还能保持棱角分明的性格，积极向上，努力进取，奋斗坚定，这——是信仰。

什么是信仰？信仰就是构成幸福的一个积极因素。拥有信仰，就意味着拥有生活的准则和方向，就意味着无论遭遇了多少跌宕，都能把握自己的心，照亮前方的路；拥有信仰，可以驱使人们共同应对不幸和灾难，共同克服横在眼前的地震洪水、台风海啸；拥有信仰，还可以促成整个社会的相互作用和支持。

生无信仰心，恒被他笑具。人犹如葵，向阳而生。所以，我相信、我明白、我笃定，所有发生在我们生命中或大或小，或轻或重的一切都会通过我们自身的努力，越变越好。

可是，我们总是要为自己的信仰付出一些代价。就如自古的愚忠，一种执迷不悟的信仰最终毁掉的是一个人、一个家族、一个朝代，甚至是一个国家。可是，什么才是信仰的尺度？信仰，是否也有对错之分？当一个人过分地相信，陷在某种固执的思想里无法自拔，隔绝了其他的变通之路，也就把自己逼到了绝望的角落里。

有人说，从古至今，中国就是一个没有信仰的国家，即便是有识之士，也多是中庸思想，以和为贵，以此为纲，人们的思想和行为没有太多的约束，只要符合中庸就行，由此也影响并决定了整体一直缺乏统一的全民宗教信仰。也有观点认为，中国人口庞大，民族繁多，地域辽阔，地形复杂，使得不同地区不同民族的人们有着相似却无法统一的信仰。这里尚且不深究这些问题的存在与否，单就一个民族自身发展来看，培育深入统一的民族文化，不断增强民族认同感与凝聚力是很有必要的。

坚定于信仰，应该是一个人的生存禀赋。一个人的信仰可以是一个人，一件物品，一种想法，就像是鞭策人前进的一种动力，即便生命承受着莫大的压力，我们亦可以凭借那股韧劲，笑着拼搏。

4.
信仰从不迷失

2011 级法学院 / 管若晨

提起信仰，人们可能马上会想到宗教，譬如基督教、佛教、伊斯兰教……然而这只是最常见的一种形态，人的一生应该怎样度过，这是每一个人都需要思考的事情。

哲人说未经思考的人生不值得一过，而人的终极思考就是信仰。

如今的社会，体制转轨、社会转型、思想多样、利益多元，人们在面临种种诱惑的时候，不能不谈信仰。有人说，有了信仰，石头在水上也能漂。这话看似不合常理，但却道出了信仰的神奇力量。信仰是人类对崇高价值目标的敬仰和追求。

有一次，我到佛教圣地旅游。在山上一座大庙里，一群和尚正为一个施主做法事，中间休息时，一个小和尚走来与我聊天。我问他："做法事很辛苦吧？"他随口答："是啊，挣钱不容易。"听过之后我觉得他并不真信佛教，佛门之事于他只是谋生的手段。这个小和尚直率得可爱。如今，天下寺庙，处处香火鼎盛，可是你若能听见那些烧香拜佛的人许的愿，就会知道，他们几乎都是在向佛索求非常具体的利益，没有几人是真有信仰的。这也充分说明，做一个教徒不等于就有了信仰，而有信仰的人也未必信奉某一宗教。

一个有信仰的人，无论经历了多少挫折、多少磨难、多少困惑、多少痛苦，他都会把这一切体验整合成正面的东西，从而让灵魂得以升华。在信仰之光的照耀下，这一切都成为人生的珍藏。而一个没有信仰的人，更多的是从生存中积累技巧、谋略等实用的东西，甚至唯利是图，如毒奶粉、假疫苗、地沟油，富含"瘦肉精"的肉、饱含"苏丹红"的辣椒、酒精兑的酒、"双氧水"（过氧化氢）漂过的食品等等充斥市场就是例证。在利益之外，他们不知还有天长地久的价值，比如爱、同情、美德。当我们目睹人的原始欲望无限膨胀，看到人们心中的精神家园渐行渐远时，不妨回过头来想想，这还是让我们引以为傲的人生吗？除了忙碌奔波，我们还剩下什么呢？

据说非洲贫穷国家的一些人，每个月拿到工资不到一两天就花完了，剩下的日子要勒紧裤带，但他可以不加班，却不能牺牲部落的聚会，这或许是一种信仰；印度的一些穷人，一生没有住过像样的房子，也没有可观的财产，但他心中安定宁静，这或许也是信仰的结果；美国一些亿万富翁，周末再忙也会去教堂，身后把财产悉数捐献，这依然是信仰的作用。怀有各种信仰的人们，有喜怒哀乐，也有柴米油盐，但他们过得坦然。他们也有为了生计忙忙碌碌的时候，但是他们的信仰从不迷失。

信仰给予人以幸福感。我想，袅袅的香火里祈祷平安的老人是容易满足的，因为他们相信佛祖会保佑他们的子孙后代。哲学家和诗人是幸福的，因为他们追求着高尚的人生，创造着永恒。信仰的内容可以平凡无奇，信仰的目标也可以远大恢宏。有了信仰的引领，我们可以积极面对一切挫折；有了信仰的指引，我们可以通向振兴中华的康庄大道。

信仰使人性有了深度，使心灵有了高度，使意志有了强度……

5.
信仰是自我拯救的绳索

2011 级劳动人事学院 / 刘可瑶

初入人大，我带着对大学的好奇和对未来的憧憬，踏入了这个未知的世界。人们都说，大学是我们进入社会的第一步，那么，人大究竟会带给我什么？经过四年的磨砺，我会成为什么样的人？稚嫩的理想是否能在这片沃土上开花结果？

我一直认为，大学生是独立个体与社会生活的过渡阶段，虽然未脱离学生的称谓，但已经具备了承担社会责任的能力。如果不能始终怀抱着"苟利国家生死以，岂因祸福避趋之"的信念，那我们的灵魂将会是空虚的。所以，我的信仰就是在认识世界的基础上改造世界，成为对社会有价值的人。

还记得曾经在课本里学到周恩来"为中华之崛起而读书"的豪言壮语，当时年纪小，觉得这只不过是一句很平常的话，但随着阅历的增加，我越来越觉得周总理的伟岸。敢于在小小年纪承担拯救中国的重任，敢于向这个世界呐喊出自己的理想，我想这就是伟人之所以成为伟人的理由吧！其实，现在社会上的思想复杂多样，其中不免掺杂拜金主义等消极因素，灯红酒绿的诱惑使越来越多的人渐渐迷失了自己，难以坚持最初的理想。当我们在偏离的航道渐行渐远时，是否还会在某个寂静的深夜问自己，我在过着怎样的生活？我现在为什么而活？我想，人生最大的悲哀莫过于没有信仰地生活，没有动力地被动生活。正如鲁迅的铁屋子理论，在密不透风的铁屋子里麻木地生活或许会平淡终老，但如果有人来叫醒他们，就会有打破束缚的希望。因为，信仰是拯救自我的绳索。

然而，要实现理想绝非易事，古来圣贤皆寂寞，要想完成自我实现的过程，就要忍受普通人所不能忍受的孤寂。现在我们经历了寒窗十二载，来到这个实现梦想的起点，更需要付出不同以往的努力。大学的氛围是自主而开放的，埋首于学术研究不是唯一的任务，还需要我们开始认识自我、了解社会。认识自己，才能找准未来的定位；了解社会，才能真正完成改造世界的使命。还记得刚开学时，班主任就讲过曾经有一位成绩优异的学长，在大学毕业之际，大家都纷纷决定考研或出国的时候，他毅然选择参加工作，放弃用深造换取高收入的做法。他说，只有深入社会，才能了解社会，这样才能真正了解社会需要什么。从一点一滴开始打拼的过程或许枯燥无聊，但是经历了深刻的沉淀以后，厚积薄发的力量就会无比强大。忍受寂寞的经历必须脚踏实地地奋斗，仅仅仰望星空是不够的。

我坚信，就算世界纷繁复杂，总会有一泓清泉缓缓流淌；就算前路荆棘遍布，也总会有开辟新路的勇者。我愿成为清泉，成为勇者，向这个世界发出挑战。社会是真正的大学，在这里，我相信我会找到属于自己的一片天地，能为未来的世界发出应有的光和热。因为信仰会支撑我走得很久，很远。

6.
内容比形式更重要

2011级财政金融学院／王奕谌

信仰这个词似乎离我们很远，又离我们很近，说它远，是因为我们一般只说，我相信……比如我相信我会变得富有，我相信我能克服一切困难，我相信我能成功，我相信没人能打败我……这固然有那么点儿信仰的影子，但它们终究只是相信，而且很多时候只是我们或美好或简单的设想，随着时间的消磨会变成"曾经"，从这个角度看，它们不是信仰。但它又离我们很近，因为我们经常从师长那里听到，从党委书记那里听到，从影视作品里面听到这个词。尤其是当共产党员面对敌人的严刑逼供、誓死保守秘密的时候，信仰就是对这一令人敬仰的形象的最有力的诠释。信仰似乎就在我们身边，时时刻刻用一个又一个生动的故事向我们讲述它的力量。信仰究竟是什么？我又有着怎样的信仰？为什么它会与我相关？什么才应该是我的信仰？

其实信仰这个词的含义在中国有些趋于单一化，因为我们所熟识的信仰大多与政治主旋律相结合，共产主义是一种信仰，但它不应是信仰的全部。信仰是超脱肉体以及物质世界的精神寄托，其实它的力量贯穿于我们一生的每一分每一秒，当我们身陷绝境时，信仰能让我们坚持地走下去。它不随时间的流逝而改变，一旦在我们的精神家园里生根发芽开花结果，它就无时无刻不对我们的行为产生作用。信仰的力量贯穿于我们生活的一点一滴，不一定能以惊天动地的方式出现，就像佛祖告诉世人的，佛就在你心中。

　　那么什么是我的信仰？这个问题很难回答，尤其是在这个价值多元的世界里，不同的人有不同的理由去追随他们的所想。但是我确实拥有"相信"，比如我相信人应当勇敢乐观。人类虽然不是大自然中最强大的物种，可却成了万物之灵。我想这是因为人类有主观能动，可以让其在面对自然的不确定性时，鼓起勇气与想要毁灭他们的不利因素相抗争，抗争的动力就是勇敢和乐观。以基督徒为例，基督之所以可以感召那些在苦难中挣扎的人们，就是因为基督给了他们"天堂"—— 一个可以抵达人类所有美好愿望边界的地方，基督徒便把那份美好深深埋藏于心，与一切苦难坚定地抗争着。有人说，我们所生活的时代是一个充满欲望而缺少理想的时代。其实这就是信仰的缺失，从某种角度上讲，我羡慕那些虔诚的僧侣、基督徒或穆斯林，他们虽然生活在一种超越科学解释的奇特状态之中，但是他们的生活很安静，他们的精神不受纷扰。相比之下，也许是在所谓科学与世俗的抉择中举棋不定的人们，看起来更困惑。

　　人应该拥有什么样的信仰？这个问题依旧是难以回答的。我只能从如何对待信仰的角度做出阐释。信仰的形式会有很多，但是重要的不在于形式，而在于它的价值。也许有人崇拜以刚烈的方式对抗命运或者人性，这没关系，但是要看这种形式背后是什么样的价值驱动。比如希特勒，武力是他的手段。革命战争年代，共产党人也借助了武力，但是二者的信仰却截然不同。前者的信仰是违背人性的，对于历史来说没有价值，即便有，也只是负价值；但是后者的信仰在那个特定的时期内代表着社会的主题，反抗人对人的压迫和束缚，实现人权和人的解放。所以说，信仰应该是什么样的，不用对其形式加以要求，只需要确定其形式背后的内容。所以，对于我来说，讨论应该拥有什么样的信仰，不如明确应该怎么样评价信仰。面对大千世界的变化多端和命运的变幻莫测，当一种信仰的种子出现的时候，我们应该抛开它的具体形式，而对其内容作评判，从而明确其是否是我们应当坚守的信仰。

7.
信仰是一种自我约束

2011 级法学院 / 申珠佩

如果问我，信仰是什么？以我初步的理解，它是一种价值观，也是一份虔诚的态度。它可以是宗教、梦想，或者是一个简单的信条。总之，不论信仰以何种形态展现在你面前，只要你相信它，它便是一种精神的支柱。

信仰可以归结为几个特点。首先，信仰是神圣的，它有一种不可被侵犯的力量。源于现实，却远高于现实。其次，对信仰的信任是无条件的，换言之，虔诚的心是绝对的。能称其为信仰的，绝对不会被怀疑。最后，信仰具有一定的传递性。一般长辈的信仰会传递给下一代，例如整个家族也许都是基督徒或者伊斯兰教徒，从小的成长环境为信仰的传递创造了条件，不过事情也不尽然。因为信仰最终还是个人的追求，是一种自我的心灵升华，是容不得强求的。

我的祖父母都是虔诚的天主教徒。他们有很多的教规要去遵守，每周还有固定的时间去教堂诵经。从前，我总以为这些事情对他们是一种强行约束，是自找苦吃。多年之后，我慢慢体悟到，这是他们的信仰，他们在现实世界中找到了灵魂的归宿，他们是幸福的。我想，这也是我的祖父母为人那么善良、平和、勤劳的原因吧！

所有的信仰，其实都是一种对自我的约束，不过这种约束是自觉的。也正是因为有了这样的约束，人们学会了控制自己性恶的一面，学会与人为善，学会感恩与知足。并且，因为心中有所向往而获得精神上的充实感，从而为生活找到重心。

然而，在今天这个社会里，有多少人根本没有自己的信仰，更有甚者，他们鄙视信仰。又有多少人，"信仰"的意义不过只是一个用来伪装高尚的名词，他们的内心没有坚守与虔诚，有的只是摇摆不定与知行相离。还有一些人，对信仰存在太大的误解，将其与迷信混淆。帕斯卡说："信仰和迷信是截然不同的东西。"我们所追求的，不是一种不理智的甚至是错误的现象，而是以一种对我们的生活有正确的指导意义的价值观，注重的是自我心灵的反思与提升。前者是迷信，后者是信仰。

在这个物欲膨胀、运转飞速的时代，我们是否应该时常地拷问自己的内心，反省自己？孔子云，吾日三省吾身。其实，应该做到的不仅有圣人，更有我们每一个平凡的人，因为这是我们不断提高自我精神高度的必经之路。能够帮助我们做到反省的，是信仰。

信仰无所谓真假，有信仰本身就是一种价值，因为坚持这种信仰使自己有所追求、有所寄托。信仰是对人生意义的一种假设。一位哲人曾说："人，就其本身来讲没有意义，人的意义就在于自己给自己设定的一个意义。"

8.
心怀信仰，充满希望

2013 级公共管理学院 / 万瑶

　　　　信仰于心，航向不偏。——题记

　　一幢幢摩天大楼的拔地而起，一座座高架桥的喧嚣蔓延，在如今这物资丰富、物欲见长的都市，又有多少人的心中始终怀揣着自己最初的信仰，并且一路追寻着，从未怀疑与放弃。

　　许多人眼中的信仰，无外乎是宗教信仰。我不信教，但我有信仰。于我而言，信仰，不单单是对神明、教义的崇拜与信奉，更多的是对生活所持的某些长期的和必须加以捍卫的根本信念。一个人，可以没有宗教上的信仰，但若心中没有一个坚持的根本信念，他的人生就如同无根的浮萍，无法自主选择生活的航向，只能人云亦云，随波逐流。而信仰的存在，像是人生茫茫海面上的灯塔，让你即使在最黑暗的时刻，也能辨别出前行的方向。

　　社会像一列高速列车，向着前方，不分昼夜，不知疲倦地疾驰着。有些人，在不停地埋怨，速度如此之快，错过了许多美丽的沿途风景，曾经的美好都已不再。但依然还有一些人，他们不埋怨、不聒噪，他们相信前方的风景会更好，他们相信未来一定是光明的，他们时刻准备着捕捉遇到的一切美丽，微笑着看待一切。这是两种截然不同的生活态度，也是两种信仰。我属于后者，我的信仰：随遇而安，心怀希望，尽力而为。

出生于 90 年代的中国，我感到很幸福，那是中国开始崛起腾飞的时代；身为一名炎黄子孙，我感到很光荣，我是五千年华夏文明的传承人之一。纵然随着改革开放的深入，经济的腾飞，社会中也出现了一些不和谐的现象：官场滋生腐败，市场缺少诚信，社会人情冷漠等。但，我依然对祖国充满信心。腐败之风不可怕，因为我们可以出台一系列的政策法规来规范、整治；缺少诚信不可怕，总是有诚信的厂商来用行动告诉消费者，诚信仍在，政府总是从大众的利益出发，打击市场不良风气，提高市场诚信度；人情冷漠不可怕，年年的"感动中国"等一系列节目，告诉我们，人间总有真情在，正能量的传递，必然能让整个社会的风气昂扬向上。我对祖国充满希望，因为我看到了，那一群群为社会主义现代化建设事业而奋斗的人们，他们热情、认真、负责，这让我相信，中国的明天一定会更好！

身为一名中国人，祖国越来越强大繁荣，青年一代又怎能消沉？于个人而言，我奋斗，为自己的美好将来；于国家而言，我奋斗，为了中国更繁荣的明天！我没有什么经天纬地的大才干，但我会尽我的绵薄之力，为了自己，为了家庭，为了社会，尽力而为。

人生路上，不可能一帆风顺，不管遇到什么，心中有信仰，随遇而安，心怀希望，尽力而为。

一生，足矣！

9.
信仰的力量
2013 级外国语学院 / 王思元

有一句已经流行了很久的话是这样说的："没有信仰的人是可怕的。"我相信这句话之所以能流行起来一定有其道理。

在人类文明发展数千年以后，人类的精神层次已经上升到了信仰的高度。信仰包含了人类文明的精华，是一种不止于物质甚至高于精神的层面，它代表了一个人在精神上到底发展了多少，走了多远，是一个人自我意识的一种体现。拥有了信仰就拥有了更进一步的自我意识，更高层面的追求，甚至更智慧的眼界；而如果没有信仰，那么这一切都无从谈起，我想这也是这句话流行之久的原因。

当今社会我们都已经逐渐意识到了信仰的力量。信仰的力量，并不局限于基督教所谓的神迹，佛教所谓的超度，伊斯兰教所谓的禁忌，而是从这些有信仰的人内心而来的共同的力量，是一种意识，一种信念，而意识是可以主宰很多事情的，信念也拥有控制很多事情的能力。在生活中，我们并不鲜见信念的力量成就的种种事情，在绝望的处境下充满希望的坚持，在不可能的情况下发生的反常"可能"，甚至更多，都证明了信仰并不是一纸空谈，而是充满了能量的，这种能量即是信念力量的外在表现。

信念是建立在个人的相信上的，或者说是存在于个人的意识中的。毋庸置疑，人的思想本身就充满力量，人的渴望和相信是非常有力的，巴西作家保罗·柯艾略在他的著作《牧羊少年奇幻之旅》

中写道："当一个人想要某种东西时，整个宇宙都会合力帮助他实现愿望。"这句励志的话也正是信念的力量的证明，并同时说明了信念的力量是巨大到不可估量的。

而信仰的力量更具有意义的地方在于其内在的影响，即在精神的更深层次实现个人的自我救赎。

这里提到的自我救赎，并非如同基督教中神之子耶稣对全人类实现的救赎，而是另一种意义上的自我意识与自我约束，是一种个人的提高或者提升。救赎并非意味着你有罪，而是一种自我修养的提高，是从内心出发的内在努力，是自我价值的体现。

南非前总统纳尔逊·曼德拉曾经说过："诚实，真诚，淳朴，谦逊，真正的慷慨，不慕虚荣，愿意为他人服务，这些内在的特质是每一个人都很容易做到的，同时也是我们精神生活的基础。但是，如果没有进行认真的自我反思，没有认识到自我，自己的缺点以及错误，上述特质就不可能形成。不要忘记，所谓圣人其实就是不断努力尝试改进自我的罪人。"

· 我很认同"不断努力尝试改进自我"这个说法，这也是我以为的自我救赎的含义。只有不断地努力尝试改进自我，我们才能实现自我的更大价值，才能生活得更加有意义。自我救赎不意味着单纯的赎罪，而是指更深层次的自我反思、自我剖析、自我约束和自我改进。或者说这甚至是自我修养的一部分，是信仰的内在基础。

我个人以为，所谓信仰，在外在表现为信念的力量，在内在则体现为自我救赎自我反思的能力，而其本质，并非在单纯的宗教或者各类夸张宣称，而是在于真理。

世界上的各色宗教，宗教中的各色门派，或者更自大一些宣称自己没有信仰甚至自己就是信仰的人们，我并不想刻薄地批判或者以一己之言指指点点，只是想说，无论对信仰做什么样的解说，无非是在寻找真理，因为真理是不变的，真理是唯一的，这样的特性成就了真理不可动摇的价值。

真理成了人类如此长久以来的最高追求和永久的追寻，单单是想到它的不变性与永久性就令人心驰神往，人们有了追求真理的需求，从而顺理成章地就有了信仰，而信仰带给我们的力量与修养，又更好地帮助我们走在寻求真理的路上。

我们都是走在路上的人，借助信仰，寻找真理。

10.
信仰是行动之母
2011 级国际关系学院／陈婧嫣

《圣经》上说：信是所望之事的实底，是未见之事的确据。今天的信仰，乃是明天的事实。主耶稣说："你们若有信心像一粒芥菜种，就可以对这座山说：你从这边挪到那边。它必挪去，并且你们没有一件不能做的事了。"又说："自信的人，凡事都能。"总而言之，人生应有信仰，从而确立自己事业的目标，决定自己的志行。只有这样，做起事来，才会全神贯注，并最终有所成就。

当然，我不信仰基督教。

人生信仰不是人的头脑中固有的，不是与生俱来的，更不是神灵赐予的，它是在人的社会实践中逐步形成的，是人的世界观的根本体现和反映。世界上凡理智健全的人，都会在自己的人生实践中自觉或不自觉地形成人生信仰。心理学的研究表明，信仰的形成也同其他思想意识的形成一样具有阶段性，也就是说，人生信仰的形成不是一种单纯的认识过程，而是认识、情感和意志过程的相互影响，相互制约的高度统一。

一个有志向、有理想的人，都应该拥有正确的信仰，没有信仰的人生是混沌的。有了信仰，在面对现实社会中的各种挫折和遭遇时，才会更理智更有信心，而不至于彷徨失措。人生信仰是力量的源泉，能焕发出强大的驱动力，这种驱动力在心理学上叫内驱动力。一个人信仰越坚定，越高尚，他内心激发的驱动力就越强大、越持久。信仰作为个体的精神支柱和行动指南，对个体乃至整个人类的发展都起着十分重要的作用，它对个人的人生定位和成功有着重要的影响。有信仰的人会为自己的信仰，调动自身的一切力量集中到既定目标上，其知识能力、内心世界都会得到充实和提高，从而推动人的发展。它能使人感到有所寄托、有所期望、有所依赖。无论是正确的人生信仰，还是错误的人生信仰，都能成为人生的精神支柱。但是，不同形态的信仰对个体的发展具有不同的作用：科学崇高的信仰对个人具有导向、激励和凝聚作用；非科学的信仰则会阻碍个人主体性的发挥，局限人的思路，毒害人的思想。人们应当依据某种信仰是否理智、是否现实、是否崇高、是否健全等标准进行信仰选择。

我信仰的是自由。有了自由，就有了轻松的人生态度；追求自由，就是追求心灵的释放与超然，不会为世俗所累。

信仰是行动之母，个人的信仰怎样，他的行动就会怎样。信仰可以左右人生，它对于人生与事业的关系，人格的修养与定型，都有决定性的影响。比如，一个信佛的人会用佛教的规范来约束自己，使个人的人格不断完善。历史上一些伟人，无一不是由于他们具有崇高的信仰，因而能在艰苦的环境中造就他们辉煌的成就。此外，史上有许多重要的发明，也无一不是由信仰启发的。无论何事，绝不是先有知识，后有信仰；而是用信仰去弥补知识的不足，信仰实为知识的前驱，它不是真理的代替，但信仰是达到真理的途径。假设没有信仰，许多真理与发明到今天一定还在探索之中。

11.
信仰——促人以善

2011 级理学院 / 徐小为

信仰，顾名思义，所信奉的，所敬仰的。往小处说，是对一种精神的追求、渴望；往大处说，是世界观的浓缩与精华。但无论从哪个角度看，一个人必须有信仰。

无论是信奉慈悲为怀的佛祖，还是宽容的上帝、先知安拉，虽然在我国颇有争议，但至少都教导信徒们与人为善，给人带去一定的心灵慰藉与道德的约束。或者是对科学的唯物辩证的信仰，可以让人把握世界普遍规律，站在更高角度洞察社会。或许单纯相信好人有好报，恶行终会自食恶果，也可约束人们的行为。

总之，没有信仰的人是可怕的。那些人便是无法无天，无所畏惧，伤天害理之事便为所欲为。因此，每个人都该拥有一个"善良"、"美丽"的信仰。

说起我的信仰，既普通又特别。作为一名中共预备党员，对党的信仰是必不可少的。回想起入党时的心情，真的是想也许入了党对自己的约束就更严格，而更能为人民做些事。小时候有当国家主席的愿望，长大了就将其转化为共产党的宗旨——"全心全意为人民服务"。我希望自己的人生不仅让自己过得快活，尽管历史记不住我，但我想用自己微薄的力量为更多人带来快乐。

作为一名普通大学生，我相信付出终会有回报。"一分耕耘一分收获"不仅仅是小时候大人教给我的经验，现在，更成了我的信条。所以，我努力充实自己，锻炼自己，为今后实现自己的理想打下基础。

作为一名女生，我最单纯的信仰是能有一个完整美满的家，自己的亲人、朋友健健康康、快快乐乐，那么自己也便是幸福的。

但我也会时常感到理想和现实的差距。信仰既然在那里，就不会放弃努力，虽然那么说有时觉得有些空泛，但这些确实应该是一名大学生该有的态度。

有信仰，就该去追求，到达自己心里的理想境界。

12.
不为燎原，只为取暖
2011 级财政金融学院 / 江汇

曾经看到席慕蓉的一首诗。诗中写道："我相信，满树的花朵，只源于冰雪中的一粒种子。"在经历了高考、考上了大学、培植了梦想、收获了希望后，我发现，原来信仰便是那即使经历寒冬也孕育着力量的生命之芽。

信仰本身就是一种力量。人生若是被赋予了信仰的火焰，生活前进得如此豪迈。

曾经的我对信仰的概念一无所知，茫然又无知地认为老师们的期盼、同伴们的信仰和我一样，都是为一个纯粹的梦想拼搏。然而当我走过高考，来到这青葱而充满活力的大学校园时，我终于发现从未被束缚过的思想竟是如此自由，会衍生出许许多多对人生、对世界不同的信仰。大千世界，也总有一些信仰不为世人所知。但是只要有自己的信仰，就算世界依旧苍凉，我也会用这信仰的火光照亮前行的路。不为燎原，只想取暖。

现在，我再也不像以前那样，我开始思考："人是为什么而活？我们又是用什么支撑自己努力奋发的？"最初的梦想还在心里，路在脚下，还要继续扬帆起航。

我是信仰道路上的后来者、初学者，但已经踏上了这条信仰之路，并因此彻底改变了我的命运。

当下社会，随着中国市场经济的发展，诚信缺失、道德失准事件也接连出现，人们对此忧心忡忡："中国社会是否进入一个道德失范、心理失衡的状态？人心浮躁，功利至上，社会诚信差是否表明社会正处在人与人之间缺乏信任的精神危机中呢？我们该往何处去寻求建立信仰？"

信仰，原本是每个人的选择。但是，信仰对于整个社会的发展、繁荣与稳定有着根本性的作用。面对当今社会，我们常常感叹"信仰缺失"、"信心危机"与"信任危机"。与其说是信仰危机，不如说中国社会出现的是信仰迷茫，部分人将追求幸福与利益最大化画为等号，却忽视了内心的和谐与平衡。

同时，受中西文化冲突交融影响最深最广的当代大学生，也开始出现种种心理问题，尤其是信仰方面，部分大学生对自己失去信心与希望，出现了信仰危机，精神滑坡。金钱意识、功利主义、实用主义，让部分大学生在自私唯我中逐渐迷失理性和前进的方向。

当代大学生出现上述信仰危机不是偶然的，它既与转型期的社会环境、大学生成长的家庭环境有关，也与高校的教育体制、教育管理有关，还与大学生的自身因素有关。

因此，大学应该树立一种可以引导学生做什么人、指引他们选择什么路、激励大学生为什么学的理想信念。

只有我们身体力行、志存高远，方能成就梦想，为青春铸就一座通往理想彼岸的桥梁。

13.
内心的力量
2013 级新闻学院／高飞燕

提起信仰，首先要回答的问题：什么是信仰？在看过许多资料后，我理解信仰是一种精神寄托，是一种全心全意的相信、敬仰。这样的想法会让人生活有期盼，心灵有依靠，这就是我对信仰的看法。

记得小时候，我的小学是一个信奉佛教的办学团体，无疑我也因此接受了很多有关佛教的信息。向老师说早安时，必须要双掌合十，这习惯到我升入中学后才渐渐改掉。印象中，我有接受过"佛学课"的教育。透过课堂，我知道释迦牟尼佛的由来、轮回的概念等等。记得当时，每当遇到困难，我就会不断求神明的保佑。当问题解决后，总觉得是神明发挥了作用，是神明暗中帮助了我。所以，在意识和行为上，我曾以为自己的信仰是佛教，因为它是与我生活中有紧密联系的宗教。

直至后来，在小四的时候，我被转到一所信奉天主教的学校，脱离了原先属于佛教的圈子，又接受了天主教方面的洗礼。每天早上所做的不再是合十礼，变成了默念"圣母玛丽亚……阿门"，手势也变成了在胸口画十字架的动作。有一段时间，总觉得自己成了叛徒，曾经很迷茫，不知道自己是属于哪一派的人。就这样，过了小学阶段，表面上是信奉天主教，但实际上遇到问题时，我会祈求释迦牟尼佛和圣母的帮助，总觉得合二人之力，力量会更强大，会更有效地助我渡过难关。

后来，升入中学后，这是一所没有宗教信仰的学校。我慢慢变成无信仰的人。因为人长大了，觉得相信神明并不科学，没有实际的作用。我开始反思信仰对自身的作用，我认为信仰在某种程度上可给予人一种力量，让人无所畏惧、更勇敢地去做事。另一方面，信仰亦是支撑道德生活的基石，决定着人类道德实践的范围、层次和方式。

过往的生活经历，让我觉得"求人不如求己"，权且称之为信奉吧。而信奉只是一种潜意识，是一种内在的支撑力量。现在的我有一种信念支持自己，那就是致力把每件事做好。但是我也希望多了解不同的宗教和思想，它们背后所承载的信息和文化也不同，我渴望能多了解，以拓宽我的视野和知识面，提高自身的道德水平。

14.
别丢了信仰

2011级财政金融学院／王寅晓

有矛盾的地方，就有信仰。曾经有人告诉我，她信仰广袤无垠的天空与大地。我想这也许是她在水泥隔挡的狭窄世界中待久了的缘故吧。那些信仰真理的人，大概是因为他们在虚假的时空中活了太久。信仰光明的人，源于对黑暗的深恶痛绝；信仰正义的人，大多目睹了无数不公。

对于我，一个倡导精神自由、反对有形或无形约束的人来说，信仰的当然就是自由，然而却又很难真正达到自由的彼岸。因为人们追求的自由，大多是已经舍弃了其真正含义的敷衍品。许多人忘记了诗意的栖居，习惯去做一些违法乱纪的事情，即使他们可能在狱中过完余生，这也是他们出卖自由换取物质的结果。于是，他们没感觉自己生活在一个真正很小的圈子里，每天观望着一群为利益而争夺、纠结的人，自己也置身其中而乐此不疲。人为鸟儿制作笼子，然后玩耍并怜悯它们，却丝毫没有意识到，自己也只是在稍微大一点的笼子里蜗居着。

生活的空间狭窄是其次的，而心灵的不自由才是我们难以摆脱束缚的真正原因。大到一个国家，小到一个个体，总是不由自主地在自我设定的一个小小的关系网中倒腾，如同被漩涡卷入混浊的水中，很难把自己的目光和思想射向遥远的地平线。

在变幻的生命里，如果一个人的内心足够强大，并且构建了属于自己的内心图景，可不可以认为这也算一种孤独的精神宗教呢？于是，在我们这个时代里，无论人们的内心是否强大到能够坚守不移，像孤独的守望者那样，在信仰的稻田里，心无旁骛地站立着、沉思着，最终留下人们对他们忠于孤独的赞扬。我向往这样的境界。

记得在不远的过去，在火热的革命斗争和生产劳动中，人们拥有同一个信仰——社会主义或共产主义。人们为守护同一个信仰而奋斗着，舍生忘死，那般信仰，犹如缀满鲜血的梅花，感染着一个民族。然后，不知道在哪一个转折点上，我们貌似将这种精神舍弃了。

于是，问题出现了。今天的中国人到底还有没有信仰？当我们向神佛求财求名，当我们对道观和经文敬而远之，当我们对祖国的热爱已经淡到可以扔掉国籍，当我们执着于物质和迷离无义的关系脉络，我们还能记住传承的、留下的、深藏的、启示的那些东西吗？即使你告诉我你有，然而你又如何能以一种不息的姿态，将它化作今天践行的动力呢？

中国的近邻，朝鲜、日本或是韩国，那里的人民依旧有能让自己为之献出生命的信仰和精神力量；今天的欧美，那里有极其虔诚的修女和牧师，一辈子甘愿守着自己的一块田地、一栋淳朴的房屋，唱着向往的歌谣。即便是中东，那里的人们虽然有战争，然而百姓却可以为了祈求和平和友好日夜跪拜着。但对于今日的某些国人来说，如果说还有什么主流和坚定不移的信仰存在于心的话，可能就是对财富、权力的信仰了吧。这是一件多么可悲的事情啊，竟然让物质主宰了精神。

"中国啊，您的钥匙丢了。"这是我曾经读过的一首诗的题目。

现在，我发现似乎可以把它放在当下中国诸多方面。譬如说，中国，您的传统丢了；中国，您的智慧丢了；再譬如说，中国，您的信仰丢了！

中国，别丢了信仰。

15.
读懂自己

2013 级新闻学院 / 姜思宇

信仰是什么?

书本上说,信仰是信念最集中、最高的表现形式。它包括对虚幻世界、不切实际的观念、荒谬的理论的盲目相信和狂热崇拜;也包括在社会实践活动中,对以事物发展规律的正确认识为基础的思想见解或理论主张的坚信不疑、身体力行。这种定义未免过于概念化和抽象化。在我的理解中,拥有信仰即遵从自己所认为的最权威最正确的人或事物,信仰是激励人坚定向目标前行的根本动因,无论这前行的目的地是绝顶还是深渊。

有人说,信仰是一种精神寄托,是精神层面的自我安慰与解放。然而,信仰的意义不仅仅局限于此。不少人的信奉是因为要逃避一些东西:贪污的人会祈求神灵的宽恕,生活坎坷的人相信自己是遇到了天定的劫数,经商的供奉关二爷以期望自己能财源广进,富甲一方的人向寺院捐香火钱以积功德……凡此种种,可以被称为精神的寄托,却不能将其命名为信仰。

真正的信仰持有者,是藏地飘扬着的经幡下善良淳朴、执着前行的藏民,是教堂中诚心忏悔、以善待人的信徒,也是 20 世纪初期,希望用马克思主义思想救亡图存并不断为之奋斗的热血青年。信仰的存在,使人们善良、坚定、有所畏惧却也无畏无惧。是信仰塑造人,而非因为人的欲求捏造一个所谓的信仰。

中华民族是信仰缺失的民族，这是很多西方人和部分中国人自己的论调。的确，有些人是很少敬畏一些事物的，因为没有敬畏，所以便可肆无忌惮地消耗乃至破坏；也很难执着地相信并追求某个目标，因为信念的不坚定，故而无法达到它的最高境界。不过，我们大可不必纠结于此，有信仰的人生活简单而快乐，但并不意味着缺少信仰便会失去快乐；同样的，因为信仰而努力前行也不等同于缺乏信仰的人会迷失方向。人贵在自知。自己了解自己的理想，就会向理想方向前进；人贵在感恩，感恩于所得便也能够知足常乐。

我并未拥有信仰，可是我有自己的理想，所以我会知道自己需要什么，同时也能意识到自己可以给他人带来什么。我会如有信仰的人一样奉献，一样提升自我。因为我有人生的目标，因为我思考属于自己的人生意义，并不断追寻着自己的人生价值，这使我感到快乐。

一个人，当他明白为什么而活和怎样生活之后，他会像拥有信仰一样强大，一样不被击倒。因为不迷茫，生活便会很充实很快乐。所以，读懂自己，是比寻找信仰更重要的课题。

16.
独善其身，亦不忘胸怀天下

2013 级新闻学院 / 杨小涵

纵观历史，封建人文雅士信仰孔孟之道，平民百姓信奉佛家道教；无数的革命先烈为三民主义、马列主义而抛头颅洒热血；世界范围内更多的人信奉基督教、伊斯兰教……所有的一切都只为了心中的"信仰"。

然而，在今天这个思想、文化与价值取向"百花齐放"的多元化年代，不得不说，如果按照最开始给出的定义，我既不信仰三大宗教，也并没有将其他理论作为行动的榜样，"信仰"一词对我而言不免有些空泛。

但是如果抛开之前教科书式的定义束缚，我的"信仰"落到生活上，从最细微之处来看，是自己对于每一件事的努力程度，对于迎接每一天的态度与完结它的思索。从更久远的角度去看，"信仰"是支持自己对于整个人生的目标追求与付诸实践的精神动力，来源于内心对世界的感知，对自我的剖析之后做出的决定，更重要的是自己的毅力，即对于这种决定的坚持与否。

不得不说，在我这短短十多年的经历中，有两个人的"信仰"观念始终在影响着我，在很多选择面前，他们就像脑海中一对互相排斥又相互联系的双胞胎一样，引导我做出一个又一个的决定。

"乔峰者，人杰也，其人洒脱豪气，有吞吐宇宙之胸襟，虽生于编伍之间，素不闻诗书之大义，然慷慨豪迈，世所罕有。为罢兵

乱之灾，蹈死不顾，庙堂之冠冕，何足比肩而论也。"金庸笔下最
为传奇的人物——乔峰，一直以他对"大义"的执念而深深影响着我。

抛开他亦正亦邪波澜壮阔的一生，就只看他执着的民族大
义——在没有发觉自己是契丹人之前，一直率领丐帮在北宋边界奋
力抗击辽军，然而在极具戏剧性的身世揭秘之后，他才发现自己居
然就是一直被放置在对立面的契丹人。这与他一直固守的信念发生
了本质的冲突。在这之后，他黯然远走大辽，也逐渐接受了自己的
身份。再后来，他协助耶律洪基平定了辽国内乱。本以为功成名就，
自此风平浪静之时，辽国又将进攻北宋。

乔峰，或是萧峰，因而陷入了两难的境地。一方是他曾经倾力
相助的汉人，一方是与自己同样血脉的族人，更为重要的是，他们
都是他信仰中的天下苍生。他的大义正是为黎民百姓而生，他执着
至死的信仰也是为天下苍生的安宁而存在。于是，忠义自古难两全
的一幕再次上演：雁门关外，萧萧寒风，一支断箭，匆匆画上了英
雄生命的句号。这也成为无数人心中永远难忘的场景。为天下苍生
他甘于牺牲，抛弃一切只为黎民免遭涂炭。这样的信仰力量也造
就了乔峰不朽的英雄形象。

如果说乔峰的存在就是为天下人所向往的正义力量，那么，韦
小宝的存在则是作为这种正义的陪衬——狡猾、好动、好胜、懒惰、
欠打、圆滑，诸如此类的形容词对他而言都是再合适不过的。出身
风月之地，机缘巧合与皇帝结识，更协助皇上荡平了朝廷内外多重
挑战，最终伴着如花美眷归隐尘世，俨然一幕中国式喜剧。

韦小宝从严格意义上来说，并没有信仰，更没有远大的抱负，
他眼中只有自己的利益——这是部分的评价。此人虽然厚颜，却非
无耻之徒；虽然狡猾，却是忠义之辈。抛开在皇帝和天地会之间两

面三刀的关系，单说对每一方他都是十足的肝胆相照；他虽然唯利是图，但也始终坚守着为人的道义，永不出卖朋友……

就个人信仰而言，这是一个有着很大争议的喜剧人物。他信仰的并非是天下大义，他坚持的是"为自己活得更好"这样一个看起来世俗、细细思索之后却又无比实际的信仰——为自己的生活。

韦小宝有千般坏处，全是人的坏处，在你和我身上都可以找得到，谁要谴责韦小宝的不是，请先在发言之前扪心自问：在这样的情形下，我会怎么做！不必将答案讲出来，自己心里有数即可，只怕答案会比韦小宝的所作所为更加不堪。

这是两个截然不同的人物，他们身后代表的也是两种截然不同的信仰观念：心怀天下，以天下苍生为己任；关注自己，避免不必要的损人利己，以自己活得更好为首要目的。

到底是心怀天下，"为中华之崛起"，还是"独善其身"？这时的信仰应该是一种生活方式，一种自己选择的生活态度。而坚持这样两种方式的人，第一种著作等身，名利双收，另一种可能庸庸碌碌为着自己的"一亩三分田"而已。

信仰是每一个人的选择，站在旁观者的角度永远没有任何资格去评价高下，毕竟每一个人的价值取向有着特殊性，每一种信仰都有其存在的合理性。

在第一种信仰指导下的人，有着旁人无法企及的荣耀，在光环背后他们也许难以享受到普通人的快乐，相伴的是不言而喻的压力与责任，但这是他们选择的担当；在第二种信仰指导下的人，过着最平凡的生活，没有锦衣玉食，却有着炊烟袅袅，天伦之乐，是一种细水长流的平静祥和，是每一个小小世界里的幸福。这样的日子平静无波，人心安稳，"淡定"而为。

但是，不能因为大多数人身处平凡而刻意忽视，这样的平静是由于生活中欠缺挑战和变化带来的惯性造成的；或者说，这是没有经历过任何大风大浪，安于现状的结果。这样的惯性带来的平静仿佛小小石子投入池中的水波。而第一种人的平静，是尝试过大起大落，人生百味的痛苦所带来的开阔眼界，是大海经过波浪翻滚之后的宽阔胸怀。这是两种截然不同的方式。

从高中走向大学，就如学校所言，"国民表率，社会栋梁"是我心中一直都怀有的梦想，没有人甘于平庸，愿意浪费自己的年华，都渴望着能像书中主角一样建立自己的梦想王国，指点江山，叱咤一方；但有时候也会不自觉地去看看类似于韦小宝这样的小市民，将眼光放低，回到自己的生活，尽心完善它的点点滴滴，不损人利己，也许略带些许的自私利己——这些都是再普通不过的想法。

所以，我认定的信仰告白，并非是要将自己的信仰逐条逐条记录下来供奉在案，这样只能给自己起到一个书面的提醒作用，并不能带来任何的实质影响。

我的信仰，是做介于乔峰和韦小宝二者之间，能够将眼光放到除了自己"三分田"之外的世界，能在有余力的同时"兼济天下"，但也能在无力改变现实之时调整自己的想法，安心于眼前，能够静心斟酌平凡生活中的点滴滋味，以"智慧"的"糊涂"去经营好自己每一天的生活，完善好每一件小事。

如同现在，开学已经两个月，在大学里忙碌于生活、课业、社团，人际交往诸多内容充斥在每一分每一秒，时间过得飞快，日子如同流水一样远去。只是有时也会有不自觉的迷茫和无奈，原先设想的那种单纯的生活似乎很难去实现，但是也许这也正是大一的我必须经历的。

而我现在需要的，正是坚持自己的信仰，为了未来而脚踏实地去努力，心怀天下壮志的同时也不忘回归自我，做好每一件事情，如果最终无法成为降级的"乔峰"，做一个升级的"韦小宝"，"胸怀壮志，我所欲也，独善其身，亦我所欲也，二者不可得兼"，那也不失为一种幸福。

17.
追求和坚守——民主

2011 级财政金融学院 / 魏炳奇

作为一名大学生，可能我对信仰的认识还比较幼稚，但是我认为信仰就是一种精神力量，在你遭受失败的时候让你坚强，在你遇到挫折的时候给你信心，在你受到困扰的时候给你指引，让你树立正确的人生观、价值观，让你懂得正直、纯洁、感恩，让你分清善恶，指引你得到无穷的智慧，获得幸福的人生。信仰和迷信是相区别的，迷信的人分不清善恶，追逐眼前利益，害怕自己的利益受损害。而一个真正拥有信仰的人，他不迷信偶像，懂得如何快乐地生活，懂得帮助他人，而信仰与崇拜经常联系在一起，但是与崇拜还有不同。概括地说，信仰是人对人生观、价值观和世界观等的选择和持有。

关于我的信仰，我不知道在我之前有没有人说出这样一句话：把民主当成信仰。

这样一个被纠结了百年之久的民主能够作为一个人的信仰？也许有人会问，这个世界上除了你，还有没有人把民主当成一种信仰？我不知道，但我相信，很多人把民主当成一种理想，当成一种追求，当然也不乏一部分人把民主当成一种达成理想的手段。

每一次看到那些有信仰的人，我都自惭形秽，看到他们在上帝和佛祖的关照下，平静地对待生，平静地看待死，我惴惴然；面对那些受压迫的有信仰者在别人歧视的目光下视死如归，前赴后继地抗争，我无地自容；看到那些有信仰的人执着地追求自己的理想的时候，我更是一次次陷入沉思。从那一刻起，一切大话和空话变得无足轻重，我所期待的是，我所热爱的国家里所有的同胞能都生活在一个有人权、有民主和法制的地方，人人活得有尊严。我越来越坚信，民主能够让中国更加富强，人民生活更加稳定和安康，社会更加和谐和公平——就这样，民主悄然成为我的信仰。

当我把民主追求当成信仰的时候，我立即感觉到信仰的力量。你不必顾及旁人对你说三道四，甚至辱骂；你不会把信仰当成阶梯和垫脚石，去追求那些世俗的荣耀和权利；当你的信仰一时无法实现时，你也不会灰心丧气，你会继续尽己所能做一些事。

更重要的是，当你把民主当成信仰的时候，你就会坚信：这种制度一定会光顾到制度所及的所有人的身上，任何势力都无法阻挡。

我对信仰曾有困惑，也曾有过迷茫，但我觉得现在我已经找到方向。

总有人谈论中国人没有信仰，说我们有信仰危机。但我认为虽然中国绝大多数人没有宗教信仰，但却并没有丧失精神支柱，民族也没有分崩离析，这的确是十分特殊的现象。中国人大多不相信鬼神之说，人们更多地着眼于现实，因为这是人们唯一能够感受得到也抓得住的东西，可以说是一种实用主义哲学。

曾经与一个信仰基督教的人沟通过这个话题，他是一个中国人，以前也不信教，但是出国之后便皈依了基督教，他说基督教的生命力来自于一个仍然活着的上帝，而不是已经死了的道德信条。人们都是实际的，哪怕是信仰基督教的人们，他们即便做善事，其出发点很可能也是为了自己死后上天堂，但其实这就够了，不是吗？

所以我认为重要的是给中国人的信仰找到一个支点，我们可以不信宗教，但必须有所坚持。这样才能有所为有所不为，把目光从现实生活转向精神层面。信仰问题的解决是不能一蹴而就的，我们可以从我们这一代人开始，从我们人民大学的学生开始，找到自己心中的信仰，做一个有坚守的中国人。

18.
万不能丧失非万能的信仰

2011 级财政金融学院 / 石佳鑫

没有信仰，就没有真正的美德。——卢梭

信仰是伊斯兰教徒心中的圣城耶路撒冷，是冥冥之中传道者内心的紧迫召唤；信仰是藏传佛教教徒们的布达拉宫，是千里之远也要叩头到达的圣洁的彼岸。

为人民服务是共产党员的信仰宗旨，是共产党人应该始终贯彻实行的坚定信念。

《现代汉语词典》对信仰的解释是这样的：信仰，是对某人或某种主张、主义、宗教极度相信和尊敬，拿来作为自己行动的榜样或指南。也就是说，信仰对于人是深刻于骨子里的，融化在血液里的。信仰是一种意识，指导人们认识世界和改造世界。

我一直很佩服那些仁人志士，他们有着宽阔的胸襟，非凡的气度；他们能"先天下之忧而忧，后天下之乐而乐"；他们如救世的佛祖，普度众生，感化万物。他们坚定不移地守候着自己的理想和信念，就像文天祥的"人生自古谁无死，留取丹心照汗青"，谭嗣同的"我自横刀向天笑，去留肝胆两昆仑"，这是对国家对民族崇高的信仰；就像李白的"天生我材必有用，千金散尽还复来"，杜甫的"会当凌绝顶，一览众山小"，这是对自我对人生崇高的信仰；就像屈原的"路漫漫其修远兮，吾将上下而求索"，亚里士多德的

"吾爱吾师，但吾更爱真理"，这是对知识对真理的崇高信仰。

有很多人说信仰属于仁人志士、教徒，不关自己的事情，这种想法是错误的。没有信仰的人是可怕的，这种可怕在于精神家园的荒芜，少了精神寄托，就像是形单影只地游离在这个世界，只留下"寄蜉蝣于天地，渺沧海之一粟"的凄凉；或是缺乏点睛之笔，看着总是觉得单调乏味，萎靡不振。我们习惯从他人的事例中觉察他人的信仰，给予评价，却忘了我们的行动中也折射出我们的信仰。信仰没有那么神秘，它可以很简单，简单到你致力于完成你的梦想，简单到为周围的人带来快乐，简单到过好生命中的每一天。这就是信仰。它是成为你向上的源泉，前进的动力。

又有些人将信仰等同于宗教信仰，这有点片面理解信仰了。信仰可以大到对国家对世界政治经济文化的期望与推动，也可以小到对个人学习、工作、生活的制约。每个人都可以有自己的信仰，只不过在很多人看来，宗教是将信仰发挥到比较彻底的。每当我看到那虔诚的教徒们一步一叩头的举动的时候，我感动于他们对于信仰的坚定。我是个无神论者，不信仰宗教，但是尊重他人信仰宗教的权利与自由。我从他们对宗教的信仰中，看到了我该怎样坚持自己的信仰，该怎样实现自己的信仰。

我没有仁人志士那么伟大。我的个人信仰就是不断完善自己，让自己变得更好，然后再投身于美好社会、美好世界的共建之中。我始终觉得完善个人是前提，敢于担当是目标，做好自己对社会的贡献。我来自南方的一个小城镇，不是在蜜罐里泡大的，父母的艰辛让我很早就知道要努力。培根说知识改变命运。在当代中国，读书似乎成为我们这些普通工人家庭出身的孩子的最切实可行的路径，似乎是我们能够做出的最公平的一个选择了。与几百万考生挤过高考的独木桥，今天我能在人大校园里漫步，这是我的信仰一直在支撑着我。新东方俞敏洪老师曾说过，如果你是一棵草，被别人踩在了脚下，别人也不会怜悯你。因为他们根本没有看到你。你要长成一棵参天大树。走近你，你给人们带来一片荫凉；远看你，你也是一道独特的风景。所以，只有在人生道路上不断努力，才会给自己带来改变，甚至改变世界的希望。乔布斯这个苛刻到偏执的天才，他用活着就是为了改变世界的信仰打造了神话般的苹果公司，打造了属于他的苹果时代。

当然，信仰也有正确和盲目之分，正确的信仰能够发挥出难以想象的力量，而盲目的信仰在全球化效应的放大下，也在扩大着力量。拜金主义的盛行导致一些商人们利欲熏心。于是，毒奶粉、地沟油在威胁着消费者的生命健康。假公济私、以权谋私的官员们张罗着为自己下一笔财运找路子，"为人民服务"的口号从某些官员们口中喊出来却变了味，个别"人民的公仆"也在为"翻身做地主"而暗中努力着。大众传媒在为我们的生活带来许多可喜变化的同时，也为落后的腐朽的文化传播提供了温床。"三俗文化"的流行就反映出某些冠以文化使者身份的人为了经济利益，干着腐蚀人们的精神世界的丑恶行径。以前有一句很流行的话叫"全球化了，我们在哪里？"而我也想问一句："庸俗化了，我们在哪里？"

一部分人的道德沦丧势必影响更多人，最终可能导致整个民族的道德沦丧。这种由内而外的腐烂所带来的后果是不容小觑的。我们必须接受盲目信仰存在的事实，所以应该采取一定的措施来遏制其所带来的影响。古代先哲们的文化精神，那些曾经让我们引以为豪的国学瑰宝应当重新为我们所用，当代可歌可泣的精神和榜样应当为我们所大力弘扬。我们应该不断加强思想道德建设，为我们培养正确信仰营造良好的社会环境。

　　信仰不是万能的，但是没有信仰是万万不能的。我希望每个人都能有正确的信仰，拥有真正的真善美。让信仰带给我们更加精彩纯粹的人生，让信仰带给世界更加和谐美好的福音。

19.
为了更好地生活而信仰

2011级劳动人事学院／张凯旋

俄国批判现实主义作家契科夫曾说，信仰是精神的劳动；动物是没有信仰的，野蛮人和原始人有的只是恐怖和疑惑，只有高尚的组织体，才能达到信仰。

事实上，当自然赐予我们生命之后，我们并非仅仅享受和感恩这造化美味的果实。对于我们，自然将生命赋予我们的意义，更多的是它所承载着的灵魂。这灵魂，便是信仰。

信仰到底是什么，许多人总是把信仰和宗教等同，认为没有一个固定的宗教就是没有信仰。这是对信仰的误解。信仰并非仅仅是一种宗教那么简单，大体来说，信仰就是一个人对世界观、人生观和价值观的选择和持有。有的人说自己没有信仰，其实，每个人都是有信仰的。一个人，他的一言一行，他的每一个表情，他对待人生的态度，他对人生道路的选择，都是这个人内心中的信仰在客观实际中的反映。

每个人都在自己匆忙的人生轨迹中寻求真理，包括我，包括你。不用质疑，不要认为追求真理只是中学政治考试中费尽笔墨也写不完的一句话，也不要认为这是官员、学者费尽口舌也讲不完的一个词。人生的真谛确实是真理，即使你信奉拜金主义变得无可救药，即使你为了在单位升职用尽手腕，即使你平凡到每天挤地铁上班做着无聊的工作。哪个人不想要光明，哪个人不想要一个幸福美满的家庭，哪个人不想和他人和谐相处建立良好的社会关系，只是由于人类社会一些制度的缺失，资源的有限，不同价值观的左右……让人们在追求真理的过程中偏离了轨道。

确实，在追求真理的道路上，我们不是踽踽独行，我们的信仰也并没有经历无尽的暗夜，相反，自古至今，各种价值观、思潮之间的相互激荡、相互批驳、相互争论从未停歇过，它们一直在参与人类追求光明火种的实践中。

有人说，信仰是个人的事，是每个人与上帝之间的关系，但每个人在信仰这条道路上都会充满疑惑、震惊、迷茫和探险。

是的，每个人的信仰历程都是曲折的……我也经历过不算跌宕的风景，在这个文化多元化愈来愈明显、地区间的文化交融日趋频繁、各种观念各种思潮激烈碰撞的现代社会里，我的信仰也随着身边环境的不断变化而改变着，随着个人的经历而发展着。

小时候，母亲就告诉我，要学会爱，爱身边每一个爱你的人。这构成了我信仰的最初的基础，也让我始终坚信，爱是这个社会的润滑剂，爱能拯救冷漠自私的人，让他们也将目光从自己的贪欲中移到那些深处贫苦生活的人身上。上学之后，老师教我们要热爱科学，反对迷信和伪科学。于是，我怀着知识就是力量的信仰踏上了十几年的求学之路，并在克服人生困难的过程中，用科学践行着这一信仰。

随着阅历的不断丰富，知识面的不断扩展，我开始接触更多的理论和学说。这些理论当中不乏糟粕，却也有精华，让我更加从容地面对人生。

"己所不欲，勿施于人"的儒家思想，曾让我懂得了在自己追求一件事的时候，别人的感受也很重要。老子的上善若水，道生一一生二二生三三生万物的玄妙，让我对世界的运行和运动中遵循的规律，有了初步的认识。庄子"挟飞仙以遨游，抱明月而长终"的不羁放纵让我知道了人生也需要达观。佛家"本来无一物，何处惹尘埃"的精辟诗句，让我开始学会淡然地望着时间如云卷云舒般的变化。苏格拉底的人是万物的中心，让我知道人类是万物之灵长，更应该为这个世界负责。伏尔泰的人生而平等，让我知道每个人都有平等的权利。马克思的共产主义理论，让我知道在这个充斥着资本的世界里一直压抑着贫苦人民的反抗，马克思的唯物主义辩证法，让我系统地了解这个世界，以运动的眼光客观地看待事物……

　　信仰，作为一种与物质相对立的意识，属于上层建筑的精神状态，其作用于人及人类社会的效果可想而知。从人类社会近两百年来的发展历史看，若不是为了更好的生活信仰，哪里会有空间的纵深拓展，哪里会有生活的智能化，哪里会有传自外太空的微笑。

　　信仰，改变了我的生命，这些都在激励我、打动我，给我智慧和力量，让我对世界有了更深的认识。我个人发生了变化，对周围世界的看法也发生了变化。

　　也许这种认识便是人生意义的一种阐释，将类似于哲学的抽象概念变成真正存在于个体生活中的某个元素，像是酡红色的鸡尾酒，在空气里氤氲出一抹清新和微醺……

二、追求真善美

1.
内心真诚的渴望

2013 级公共管理学院／杨伟文

信仰是什么？我想过这个问题。在我粗浅的理解中，它大概就是指某种可以被人奉为行为圭臬的精神层面的事物。各种宗教教义，各种思想主张，各种价值观念，不都可以成为人们的信仰么。

世界上的信仰有千种万种，将自己的信仰传递给世界的人也有许多。我一度也想过，我的信仰是什么。可是一直以来，我都没有明确的答案。

我的曾祖母是一个虔诚的佛教徒。在我的印象中，她吃长斋，每日晨祈晚祷。她生活节俭，秉性素洁，总是给人一种清净无染的感觉。她善良而悲悯，怜惜虫蚁蝶蛾还有各种小动物，常常教我们这群后辈不要伤害那些生灵。我们眼中的她是一个慈眉善目、沉静安详的尊长。我的祖母、姨婆，还有我的母亲，也都是佛教徒。她们常常用佛陀的教义教导我们这群孩子，要宽容，要慈悲，要行善事，要修福慧。她们的确身体力行为我们树立了榜样。

这些教义是我所接受的，我以为它们在很大程度上形成了我对自身信仰理解的一个模糊轮廓。我也一度认为，我信仰的就是佛教。可是每当听到佛教宣扬的"人生就是苦海"、"前世注定"之类的教义时，我的内心又会不由自主地抗拒。因为这样的说辞，往往会让人心情低落。诚然，随着年龄的增长，我越来越多地感受到了现实生活带给人的无奈、辛酸、悲伤、苦痛，可见人生的的确确是由许多痛苦的元素构成的，但这并不代表痛苦是人生的全部。如果人生就是苦海，那么人活着有何乐趣可言，有何意义可言，有何价值可言？如果人所遭遇的一切、所能获得的一切都是前世注定、铁板钉钉的，那么勤勉意义何在，奋斗意义何在，拼搏意义何在？

上高中时，我们班上有一个同学，她全家都是基督徒。她常常会跟我们说一些有关基督教的教义，比方说宽容，忍耐，博爱；比方说上帝是唯一的真神，宇宙万物都由它创造。她给人的感觉相当虔诚，吃饭前都会做祷告。我们尊重她的信仰，也赞成某些主张，可是每当她有意无意地想让我们也加入基督教，或者有意无意地攻讦其他的宗教时，许多人就会反驳，乃至争吵，最后常常会闹得不欢而散。

我想，尊重他人的信仰是必要的，但每个有独立思考能力的人都有权利选择自己的信仰。同时，每个人没有资格把自己对这种信仰的热忱强加给别人。正如世界上每一个国家、每一个民族都可以选择自己的信仰、自己认同的价值观，但却没有必要也没有资格去要求外邦异族也接受它们。而任何以信仰不同而引致的攻讦、谩骂，乃至争吵、杀戮，都是对自身信仰的亵渎。

历史上，在西欧，耶稣会的成员们为了维护信仰而残酷地迫害异教徒，不惜以各种肮脏血腥的手段达成目的，来维护所谓的上帝和教皇的权威；十字军为了维护自己的信仰而对地中海东岸的伊斯兰国家发动战争，以期夺回圣城耶路撒冷，他们不仅攻击穆斯林，还对犹太人展开大规模屠杀，那交织着血与火的战争持续了近两百年。

于是我不由得感到害怕。倘若我有了信仰，倘若我成为某种事物的绝对忠实的信徒，为了维护自己的信仰，我会不会变得狂热而无理，变得愚蠢而残忍？

我甚至会想，还是不要有什么信仰了，有信仰实在太可怕了。

但是我又知道有的人，他们庸庸碌碌，浑浑噩噩，日复一日，得过且过，饱食终日，无所用心，不知信仰为何物；有的人，他们不信神佛，不崇马列，却虚实重禄，尸位素餐，名为人民公仆，实为国家蠹虫；还有的人，他们既不信因果报应，也不信道德和法律，信仰的是金钱至上的理念、极端个人主义，这样的信仰让他们损人利己、为非作歹，或是散布谣言、扰乱社会秩序，最终受到道德舆论和法律之绳的双重制裁。

我也见到很多人，他们心地善良，待人真诚；他们乐于助人，博施济众；他们忠于职守，为国为民；他们舍己为人，舍生忘死；他们智慧圆通，灵魂充盈，自内由外散发出一种平和从容的气质，从不咄咄逼人，更不会为追求蝇头小利而不择手段。他们有的是基督徒，有的是佛教徒，有的是无神论者，有的是始终坚持共产主义远大理想的中共党员……他们有的是农民工，有的是教师，有的是司机，有的是学者，有的是官员……他们或许知道自己的信仰是什么，或许不知道自己的信仰是什么，但无一例外都拥有自己的价值观。他们或许天生具有正义感、道德感、责任感，或许是通过后天不断学习和历练来战胜欲望、锤炼心性，但无一例外都有自己坚守的东西。那样的价值观，那样的坚守，是不是就可以称之为信仰？

我终于明白了：信仰本身只是一个名词，无好坏之分。信仰的正确性与否，常常决定于它的社会意义。一种坚定的信仰具有怎样强大的力量啊。它支撑着人们的精神世界，丰富着人们的思维活动，影响着人们的言行举止。一旦信仰被颠覆，一个人的精神世界也会被颠覆。一个狂热的信徒，可以去做任何在他看来符合自身信仰的事情。但信仰不是损害他人正当利益的理由，信仰绝对不能成为一个人肆无忌惮、自行其是的借口。

如果现在有人问我：你的信仰是什么？如果真的需要我给出明确的答复，我会回答：理性、良知和对生活的热爱。

我信仰理性。

在这个世界上，真善美的东西往往是为人所喜爱、敬重的。但什么是真善美？这似乎并不好界定。假作真时真亦假，好心可能会办坏事，美丽的外表下可能是一颗肮脏的心灵。

人太容易被假象迷惑。所以，我愿意选择信仰理性。

信仰理性，就意味着要拥有独立思考的能力，保持一种怀疑态度，面对看似真善美的东西，面对看似正确的不可辩驳的事物，面对极具煽动性的言论等等，能够沉着冷静，全面分析，避免任性、冲动、狂热的想法或举动，避免人云亦云，随波逐流。

有理性，就不容易犯错。

我信仰良知。

人之所以区别于动物，除了在于人能思考，更在于人有良知。

如果说道德是一种更为崇高的准则，在不同历史阶段、在不同国度，会有不同的道德标准，那么良知就是发自人的内心的一种最为朴素、最贴近生命本真的意识，一种向善的力量。道德或许与历史文化相关，与地域风俗相关，与宗教信仰相关，或许还与经济状况、政治意识形态相关，而良知，则与人相关，与人的心灵，与人的灵魂相关。

当看到一个小孩子快要掉到井里时，就会去拉他一把，而不会袖手旁观。而当人连良知都抛却了，他还有什么不能抛却的？当人坚守良知时，他自然便有了辨明是非善恶的原始标准，就有了向善的原动力。

有良知，就不会去害人。

我还信仰对生活的热爱。

我不明白为什么有人会把人生比作一片荒芜的毫无生机的野地，在我看来，它宛如一个玫瑰园。纵使荆棘重重，砺石密布，总还有明媚鲜艳的玫瑰在那儿盛开着。纵使寒冬来临，大雪倾覆，那厚厚的积雪下，玫瑰种子一直都在那里，静静沉睡着，等下一个春天的阳光洒下时，便会又一次绽放出娇艳的花来。

不论遇到怎样的挫折，依然要活色生香地活下去。尤其是在今天这个时代，尤其是像我们这样的青年人，太多不识愁滋味，太容易因为琐事而放弃生活的希望，这无疑是可怕的，是一种对个人、家庭和社会的不负责。

有对生活的热爱，就不会变得消沉。

或许我的信仰会给予我力量，又或许，我还会不断修正、丰富我的信仰。

又或许，我还只是个语焉不详的蒙童罢了。

2.
心存敬畏，择善而从

2011 级环境科学 / 张均捷

信仰的定义从不唯一，它可能是人所依附的精神支柱，也可能是混迹于世的冠冕堂皇的理由。在某些人眼中，它是抽象虚灵的自我；在另一些人眼里，它只是顽固的思维惯性。不论是抽象的还是具体的，信仰在人的意识中总占据着重要的地位，甚至在某些情况下役使人们的行为。从这点出发，信仰应是在人的脑海中根深蒂固的、长期稳定的观念。我认为，一时的狂热或人生某一小段时期内莫名的冲动都不能称之为信仰。原因在于这些狂热或冲动的人在未认清自己的方向时就已经将信仰的萌芽葬送了。

尽管不能一元地定义信仰，但是信仰的由来却有着颇为类似的过程。首先，人是无意识地来到这个世界的。信仰必然是后天的产物。人是在实践之后、在耳濡目染了周围环境后才产生信仰。这意味着产生信仰的过程可以复制或是剪切。更深层次的，产生什么样的信仰是可以被周围的人左右的，当然也可以自己调控。那就需要我们去认识什么样的信仰才是引我们走向光明彼岸的火炬，才是历久弥新、坚不可破的宝钻？

我曾经玩世不恭，无所敬畏。童稚之年，根本无所谓对与错。是母亲的泪水最终洗尽我年少的轻狂。如今回首，往事依稀。在没有信仰的日子里，我轻掷光阴，无所事事。在生活的激流中迷失了方向，让宝贵韶光匆匆逝去。有时我想，人一旦缺失信仰，就要退化成以吃喝为务的行尸走肉了。百业消靡，人心思退，生活还有什么奔头？

在迷惘中惊醒，我沉酣于学业。这一时期，儒家"学而优则仕"的学说或多或少地成为我的本本。儒家推崇独善其身与兼济天下，认可士人的忧患意识，主张通过个人的努力修养达到仁的境界，强调纲常伦理和阶级调和。这些观点被我当成政治清明、社会和谐的基石。由此，努力拼搏从而实现自身价值成为我生活的基调。从一定角度讲，这样的信仰萌芽对我的少年阶段产生了积极作用，至少使我有了奋斗的激情。但我仍不将其称之为信仰。原因是，这只是我一时的想法。

随着年龄渐长，我认识世界的角度逐渐多元。很多事情并不是非黑即白或者相反。甚至不能简单地认为是处于黑白之间。对同一事物的评价体系本身就千差万别。不同的人代表不同的利益阶层，截取不同的侧面进行评价。在这种纷乱的情况下，现实不允许我简单地执行"己所不欲，勿施于人"。但我始终认为，既然世界是一个多元的体系，不同的观念及其他所支配的行为就可以看成这个体系的部分支架。支架可以繁复建构，但是体系的基石必然唯一和稳定。这样的基石才能成为我和其他所有人的信仰。那就是真善美的道德和庄严的法律。

道德和法律，犹如人类社会的两岸，维护着湍湍的文明之河流有序向前。无论是咆哮汹涌的险滩激流，还是平静舒缓的浩荡平原，都只有在两岸大堤的引导、规定与容许下才有了存在的意义。它已越过了种族、宗教、政体、文化和经济的种种层面，成为维系社会、评判公平和推动现实的强劲动力。尊贵的权柄、荣誉的光环以及显赫的地位等无一不是在德与法的前提下获取的。达官贵人与一介布衣有着平等的社会人的身份。对他们的价值评判只取决于他们的行为与道德和法律的吻合度。而一切的道德和法律都是人类理智的结晶，是良善之花结出的文明之果。

信仰道德和法律，就是信仰真善、信仰崇高、信仰人间美好的力量。人世的生灵，或个人或群体地违背道德与法律，以欺诈的态度和伪善的德行苟延残喘。有人鼓吹存在即合理，变相地颠覆主流价值观，纵容不道德的事件发生。试问，若这种状况持续蔓延，社会稳定何在？人们的安康生活何在？因为事物总在矛盾运动中获得向前发展的力量，一时的道德滑坡并不意味着所有人的精神颓废，所以依靠道德与法律的力量可以最终汰劣选优。从历史的经验看，哪朝哪代不曾发生过价值观的危机，不都这样走过来了吗？心存敬畏，择善而从，以自己的信仰选择自己的行为，以自己的行为感染更多的人，不亦乐乎？

以当今之中国论人性之劣根，不乏其例。也许有人认为，人情在世俗面前不堪一击，信仰匮乏，道德沦丧成为时代的标签。其实不然。我认为事物有其普遍性，也有其特殊性。既要以小见大，也要避免以偏概全。从轰动全国的三聚氰胺食品安全事件到"彭宇案"、"小悦悦事件"，人们被接二连三的恶性事件所吓倒，却忽略了诸如"全国道德模范"、"感动中国"年度精神史诗等。古语有云：邪不压正。善行天下的事情总是有的。千万不要因为乌云遮蔽了太阳，就判定太阳不存在。何况，国依法而立，相信法律的权威足以肃清社会的渣滓，还世间公平与正义。

前途是光明的，道路是曲折的。正因为这光明和曲折，需要国人树立起对道德和法律的信仰。正己正人，良知良行，及人之老，及人之幼。继承中华民族的优良传统，践行唯法是从的社会格言，并用这样的信仰去构建美好和谐的社会！

3.
拼搏跋涉，心若止水

2011 级农业与农村发展学院 / 王倩茜

有个词叫"半截子唯物主义"，曾被用来解释一位科学家从周一到周五做实验，而周末去教堂的"世界观"转变的现象。我对此也有番浅显的理解。

信仰在我看来，是内由心生的。那藏地转动的经幡轻拂起的风是一种信仰，那一步叩一个等身长头的朝圣者身上的累累伤痕是一种信仰，那深山古刹中的一壶清泉一袭麻衣是一种信仰。而我的信仰，是发于心扎根于自然而长于城市的。我信仰天地自然的元气与山水草木的精华。请不要指责我的信仰未升华至思想，毕竟，在城市化的步伐中，那夏虫的一声长鸣，老牛的一声长哞不正像精神领域的一阵炊烟从偏远的乡村中飘来吗？

由于信仰与我的脚力、眼力的矛盾，我无法将我的双脚像图章一样印遍大地的每一个角落，更无法去月夜听泉去古刹闻钟，乘江南渔舟访溪边浣女，让我的肌肤与心之所信亲密接触。但还好，我的信仰无须做一株空谷中的幽兰，那就做一朵城池边盛开的睡莲吧，为我那颗在钢筋水泥空间跳动的心脏输送一份最原始的养料，为每一颗棚板下低低的心种上一个春天的故事。

我们现在生活在一个步伐匆匆的社会，工业化抛弃了血缘关系的纽带，取而代之是利益的链条。人人生活在鹁鸽箱般的单元房中，却彼此如孤岛。在经历了建筑上的仿纽约、服装上的假巴黎的城市同化后，难道我们的信仰也要被同化吗？都去信仰优质生活，信仰金钱吗？庆幸的是，我的信仰，给了我最大的自由，最广阔的外延。这，也许就是信仰的魅力。

心之所信，并未指引我去逃遁山林，过凿井而饮的生活。都说"小隐隐于林，中隐隐于市，大隐隐于朝"。没错，对于自然宇宙的信仰让我时时不要忘记拼搏跋涉，时时又心如止水。而若卸下了生活的泥沙，纵使生命的春水流得多么欢畅，但没有力度。这不禁让我想起了家乡陕北的农民，在西北风的揉搓下，在黄沙、干旱、贫穷的多重磨难下，他们依旧能吼起震天响的秦腔，敲起响彻云霄的腰鼓；那盘古开天的遗音、那夸父逐日的呐喊，正是源于信仰，源于对土地、对家乡从未磨灭的信仰。有时信仰可以转化为一种信念，一种生命的遒劲，信仰让你贴近生活，而非信仰本身。亦如我的信仰，让我更有质量地生活在城市，让我有心享受着"箫吹秋月，酒饮冬霜"的平凡快乐。

信仰自然亦能助我洗清脸上狂妄的油脂，变得谦卑但不缄默。仰观宇宙之大，俯察品类之间，又有谁能精明算计。可现实是，疏于对自然的追问与思索，我们却狂妄地试图消解那一抹抹难以附加的绿意：牛背上消散了牧童的笛声，田地里隐没了翻飞的麦浪，我们将荒原尽自己绝顶的智商转化为一片片由化学、工业、皮革组成的现代、后现代的"草场"，虽然貌似郁郁葱葱，但那是真正的荒原。由此可见，对于自然的信仰在当今的社会中多么重要，纵使只有在那些怀古水墨画的皱褶里，还隐约残存着自然与乡村的气息。

信仰是一株会思想的草，可若挡道塞路则为蓬臻，生无伦次则为荒葛，而我的信仰是那"春风吹又生"的古园春草，引我走过大江大海，走过城市乡间。

4.
关于信仰的非理性讨论

2013 级外语学院／彭与时

人活着，需要一个理由。如果我们会思考，我们就不会为了活着而活着。对于以前的我来说，我活着的理由是对未知的无限热情，看到喜欢的书就一口气翻到底，遇到奇怪的事情就拼命想个明白。

但后来发现，有些问题我们是不配研究的。

就像 1+1=2，我们会试着去发掘 1+1=2 的道理，可是什么是 1 呢，我们连作为基础的 1 都不甚了解，又谈何探索后面的问题呢！

同理，我是谁，我从哪儿来，到哪儿去，这个宇宙到底是什么，这些作为世界基础的定义我们同样不甚了解，那我们又谈何探索世界的秘密与未知呢？

所以我会恐惧，我的存在基于无原概念的空想。人世是苦难的海，人需要给自己一个筏子，在飘摇中驶向远方，你一辈子要依靠这个筏子，除非你能找到更坚实的船。那么你的 1，你的筏子，就是你的信仰。你后来的船也是，如果你能找到的话，那只是个更坚定的信仰，没什么本质上的不同。

于我而言，信仰并不局限于神学领域，而且相比于对神的信仰，出于己心的信仰更充满人文气息，更让人感动。智者学派信仰世界的无限循环，在坚信中狂欢；基督徒信仰主的公正与仁慈，在坚信中束手束脚地生活。这种来自他人的信仰总有一天会和自己的思维产生冲突，要么在冲突中升华，要么在冲突中受折磨，而且我想大多数人都是后者，也许只有第一个感受到主的人有纯粹的幸福感。

所以不信仰神并非没有信仰，相反，非神学状态的信仰是人在灵魂状态下的成长。

我说人世是苦难的，肯定有人会反对。反对的人是幸福的，因为他们活下去的 1，他们的信仰，就是人世是幸福的。

我说人世是苦难的，肯定有人会赞同。赞同的人活下去的 1 便多种多样，可能是责任，可能是理想，可能是对幸福感的追求。

对于一个有信仰的人来说，死亡不是一件可怕的事情，死亡只是一种思维与时间结合的永恒状态，是"金戒指落入银瓶子里的一声轻响"；相反的，活着才是可怕的事情，因为活着的时候，人会被感官所欺骗，这时候人是最脆弱、最容易动摇的。因此，活着更需要智慧。我曾经看过一场话剧，话剧里有这样一段话"人是不能直接用感官去接触这个世界的，就像用眼睛直接观察日食，眼睛会瞎掉。用灵魂最纯粹的状态去接触世界，灵魂也会瞎掉。所以观察日食，你需要一盆水。观察世界，你需要一个媒介"。我想这个媒介，应该是信仰——你的筏子，你的 1。

所以任何一个有思维的人，都是有他的信仰的，这样他才不会是个灵魂的瞎子，不会因为恐惧死或惧怕生而惶惶不可终日，虽然这个信仰可能并非我们理解的狭义的信仰。

事情都是两面的，从某种程度上信仰让人强大；相对的，在另一层面上，信仰让人更脆弱。信仰既然存在，就有崩溃的可能，信仰崩溃的人比没有信仰的人更可怜。没信仰的人是天生的瞎子，信仰崩溃的人是被现实戳瞎的年轻画家。这样的人厌恶生，又害怕死，在 to be or not to be 之间徘徊。每个人都知道哈姆莱特的故事，但少有人知道这个故事的悲剧性其实在于剧中的所有人的信仰崩溃，生命又被仇恨与悔恨填充。哈姆莱特所信任与倾慕的波兰王子，是一个信仰不可战胜的人物。这也是人类所追求的一种生命状态，当然，这只是理想化的状态。

生命也许可以被简化为一个树立信仰与捍卫信仰的过程，捍卫也许可以被简化为理想化与现实的斗争，斗争也许可以被简化为思维与智慧的反复。

那么生命与信仰究竟是什么关系？

痛苦，悔恨，快乐，满足，追求，坚持，智慧，爱，情感……

信仰给予生命哲学的美感，让生命突破生物意义的束缚，实现人出现以来最伟大的美的形式，达到一种不朽与永恒的状态。

信仰的崩溃与否是个人层面的问题。但对于全人类来讲，把全人类视为一个个体的话，信仰存在的本身就是一件伟大的事情。

自然把人类束缚在宇宙中，人类却用信仰创造了思维的无限广袤与自由。

5.
选择信仰即是选择命运

2011 级信息学院 / 梁瑞文

　　说到信仰，我们通常想到的是宗教或者政治理想。那么是否没有宗教信仰或是政治理想就代表没有信仰了呢？我以为不然，每个人都有信仰。因为信仰是对生活的态度，是对世界的认识，是对人生的理解。惠特曼说："没有信仰，则没有名副其实的品行和生命；没有信仰，则没有名副其实的国土。"有了信仰，我们才能不断完善自我；有了信仰，我们才能增强自身幸福感；有了信仰，我们才能实现存在的意义和价值。所以说每个人都有信仰，每个人都应该坚定自己的信仰，完善自己的信仰。

　　身边有些同学开始信仰这样那样的宗教，嘴边时常挂着宗教用语，我对此并不反对，但也没有跟随，只是静静观察这一切。西方人信仰上帝，认为是上帝赋予了人生命，赋予人爱和情感，赋予人旺盛的活力，赋予人神奇的生活；佛教则教人们放下心中的执念，看开生老病死，抛开怨憎会、爱别离、求不得之苦，从而到达幸福的彼岸；儒家要求自身以道德的高度约束自己，并以此作为理想社会的形态。不管在学说上有多大的区别，宗教的本质目的还是教人善良、博爱、宽容，让人的内心坚强。那么，如果人能够做到这些，又何必受那些烦琐教义的桎梏呢？我并不是说宗教没有意义，只是觉得如果能顺从自己的本心，做一个善良而纯粹的人，人生应该更加幸福。

人是具有社会属性的生物，没有人能够脱离他人而生存。人是为别人而生存的——首先是为那样一些人，他们的喜悦和健康关系着我们自己的全部幸福；然后是为许多我们所不认识的人，他们的命运通过同情的纽带同我们密切结合在一起。

大千世界五彩缤纷，人的性格也多种多样。每天，同学们都会与父母、同学、老师、家人甚至是陌生人发生一定的联系，要学会与他人相处，要善待他人。 心中有他人，即有博爱之心，衍生感恩之心，引导着应该如何做人：谦卑、守信、诚实、勤劳、勇敢、自信。这样，在生活中，便会少去许多的见利忘义、尔虞我诈，而更多一些简单与美好。每个人都有自己的情感世界，都希望得到别人的理解，也希望理解别人。假如你真诚地理解别人，会意外地发现你得到的理解要比过去多得多；而只希望别人理解自己但不会理解别人的人，永远不会如愿以偿。就因为理解是爱，爱是真诚而且是相互的。

每个人都会有过梦想，也会有不可逃避的责任。这是一个有些沉重的话题。说它沉重，因为想要坚持梦想需要巨大的勇气，而承担责任，同样不是一件轻松的事。

对大多数人来说，能够实现最初的理想的确是一种奢望，但是否说这就意味着人生的不完满呢？生活本就是流动的，重要的不是它把我们带往何方，而在于我们曾向哪个方向奋斗与付出。况且，在这之中我们还有亲人与朋友相伴，找到了自己的价值，人生也就有了新的目标与意义。也就是说无论是否达到最初的梦想，最重要的是我们已经觉得幸福。

我们背负着责任在路上，对此有种言说不明的感情。好像是练拳的沙袋，一拳挥出去，硬邦邦的反作用力使自己又疼又有些发泄的快感。倘若没有领会沙袋的用处，说不定还会憎恨沙袋的存在呢。但一旦没有了沙袋，一拳挥出去，击向空气，空荡荡的，反而闪了自己，内心失落自不必说。有力使不出的样子，浑身都疲惫，身上少了一份责任，却多了永远的亏欠、永远的自责。就算走得再好，活得再漂亮，没有了需要你的人，也是不会觉得幸福的。

于丹说："物质意义上的幸福生活仅仅是个指标，而真正从内心感到安定和对于政权的认可，则来自于信仰。"信仰，给了我生存的力量和勇气。选择一种信仰，就等于选择了自己的命运。在信仰这个近乎虔诚的高度，我不敢说有任何的见解，只是将自己在生活中的感悟记录下来，并以此寄托对自己的勉励罢了。

6.
信仰发乎本心

2013 级新闻学院／董一

"信仰"给我的第一印象是狭义的宗教信仰：基督教、伊斯兰教、佛教……十分遗憾，我的户口簿上宗教信仰一栏为空，难道我要说自己是没有信仰的人吗？其实，我想自己是倾向于基督教的。我不能说是"信仰"，因为我不会每日祷告，不会在安息日到教堂吟诵，也不会过基督教的节日。我只会偶尔到教堂坐一坐，感受教徒的虔诚，求得心灵的宁静无杂，或者在遇到困难之时默念"阿门"祈求上帝赐予我力量，抑或"逢凶化吉"之时感谢上帝保佑。我相信因果循环，我坚信行善必有回报，作恶必得惩戒，我固守着一些小理念。自我有这种意识起，我从未在任何一场测验或考试中作弊，无论测验的小或大；我坚持做好每一件认为有用或是对的事，纵使从表面上看它并未给我任何回报；我会极力压制自己恶的一面（我想每个人或多或少都会有吧），因为我认为一旦犯错必会受到惩罚。渐渐地，我发现，也许我信仰的并不是上帝，而是自己，是自己的良心。

我的良心不允许我作弊，我的良心让我多行善事，我的良心让我坚持正义。我想不谦虚地说一句，因为我对自己的信仰，我学会了"冷眼"看世界，一步一步走到现在而不忘初衷。

你为什么活着？你考上大学是为了什么？你学习是为了什么？很多人是不是感到很难回答，或者会找些冠冕堂皇的话来搪塞。而我，可以很快地说出答案，为了我的家人，这是心底的声音，笃定而真实。这是我一直以来的信仰！往严重处说，这是我坚持活下去的理由。我爱我的父母，我爱我的祖父母，我爱我的外祖父母以及所有的家人，我想带给他们优质的生活，我想常陪伴在他们身边，所以我要为他们奋斗；我也在期待自己未来的家人，我希望我的孩子有一个优越的成长环境，最质朴的想法就是希望他过得比我好。

不要责怪我没有远大理想，我只想说出心底的声音。但我也有一腔为祖国奉献的热血，我不止一次地说过，我为自己是一个中国人而自豪。我会为运动场上的中国健儿呐喊，我会为危害祖国利益的事义愤填膺，我关注祖国的盛衰荣辱。成为一名人大新闻人，我便是遵从了心底的渴望，我梦想有一天可以向世界传达中国的声音，我梦想有一天可以用文字和声音维护祖国利益展现大国形象！小小的我，也有大大的理想。

其实，很多人也把信仰理解为对某个人的信仰，即对偶像的信仰。我的偶像——科比。我并不是一个简单的"外貌协会"的人，我对科比的信仰更多源于对科比精神的信仰。他毫不掩饰对成功的渴望，他毫不畏惧伤痛的折磨，他"凌晨四点"的付出鼓舞着我，他的篮球精神感染着我！

这就是我的信仰告白。我不知道自己所固守的信仰是对还是错，我不知道自己所固守的信仰能给我带来怎样的人生，但至少我现在正是倚靠着它在人生的旅途上不断跋涉。

7.
守住心灵的那份圣洁

2011 级财政金融学院／周祺

何为信仰？

信仰，人所相信，所仰视，所坚守的东西。如辰星、如航灯、如圣人，既是人之精神支柱，也是人前进的导航，行为的标杆。

亨利·范·戴克曾说："享有特权而无力量的人是废物。受过教育而无影响的人是一堆一文不值的垃圾。有些人只是在道德宗教信仰方面受过教养，但没有成为社会上行善的积极力量，这些人就对不起为培育和供养他们而花费的代价。如果他们也算是基督徒，就犯了因为伪装而受尊敬的罪。他们本应成为世上的盐，而盐的首要任务应当有盐味。"

人是社会的个体，社会是人的母亲和家。回报母亲，建设自己的家，是每个人义不容辞的责任。努力提升自己，为自己拥有一个光明的未来，同时，为他人为社会做出贡献，成为对社会有用的人，这是我的追求和方向。

我还记得那些画面。城乡相遇处的强制拆迁，地铁甬道里弹吉他的女孩，电视里孩子被拐的痛苦父母，街头的乞丐，还有我作为志愿者去敬老院看到的种种，去聋校看到的情形，让我意识到自己有多幸运，也有一股无形的责任感——这是我的国家，我所生活的社会。

我也常常想起另一些画面。当年的汶川地震，让我第一次有了那么深刻的濒临死亡的恐惧。宿舍的门在我眼前被生生撕裂，逃出那晃动不已的大楼后，无论遇见谁，关切的问候都如亲人般温暖，志愿者手上的红丝带依旧印在我的脑海，我更为身处其中而自豪。每日听着收音播报，小陈浩，谭千秋，各地人民的捐赠，都让我抑制不住自己的眼泪。除了感动，还有感谢。而另一些人，如像用双手接住从高楼坠下小孩的杭州最美妈妈，像割肝救子的陈玉蓉，最美教师张丽莉、最美司机刘斌等。这些，都让我相信，善良不灭，正义永存。

贫富差异巨大，善行与恶行参差共存，这便是你我身处的中国。我给自己这样一个目标：拥有独立的人格，用自己的力量为社会扬善。当然，学习是基础，在这前提下才能追求所谓"历千万祀，与天壤而同久，共三光而永光"，这，就是我的信仰。

关于信仰，我有一大困惑。人在年轻时拥有自己信仰的人很多，可其中不少人随着社会的打磨而渐渐失去了他们最初的信仰。或者，像一些艺术与思想大家，如凡·高、贝多芬，都是与社会格格不入的群体。虽然，社会善恶共存，虽然，我应该给自己信仰，去相信并践行善良与正义，可我也不免感到困惑。若干年以后，当我也得面临社会的种种不堪，我还能否坚守今天这份信仰？我是否会嘲笑今天如此幼稚的自己？

不可否认，很多人在现实的压力下屈服，抛开了心中那曾经的信仰。为了生存，为了所爱，为了家人，人们不得不放弃精神家园，毕竟，物质是精神的基础。"房奴"、"车奴"、"孩奴"等等称号被扣在了一群辛勤为生活奔忙的人的头上。过分专注于金钱的追求，信仰缺失成为我们当下一种社会现象。

这既然是一个社会问题，就必然有它的起源。有一本书，叫《北大批判》，作者薛涌教授从书的开始就明确提出"大学需要培养什么样的人才"。作为曾经的北大学生，他为北大的管理学院能够吸收全国近五分之一的"高考状元"感到悲哀——"这是北大的悲哀，这是中国高等教育的悲哀，这更是这些学生的悲哀"。从社会的角度出发，他的"悲哀"是有一定道理的。学生可能不知道什么专业到底如何，但是社会、大学是绝对有责任为其做好指引工作的。倘若社会处在一个浮躁、急功近利的氛围中，相关专业怎么可能不火爆？大学的急功近利和社会的急功近利相互影响、相互促进，推波助澜这一社会现状。

引用作者的一段话："人关心什么，就决定他成为什么样的人。比如，一个只关心自己下个月工资的人，也许一辈子都会为能否拿到下一张工资单而操心。如果你关心人类命运，社会公正，你就更可能成为社会领袖。"要解决信仰缺失的问题，首先应从教育入手，给学生灌输关心社会的理念，而不是那些"考状元，冲清华、北大"。

社会从来都是一个纷繁复杂的万花筒，青年，祖国的未来，我们更需要看清世界的各种美好与丑恶。柴米油盐、衣食住行，蕴藏着一个更大更深沉的生活内涵。无论在哪所大学、无论做什么工作，想清自己的想法，看清自己的路，守住自己的信仰，在改变自身命运的同时，改善他人的处境，这是通往美好生活的必备功课。这也是我的信仰！

8.
重拾信仰

2011 级统计学院 / 廖慧玲

信仰在词条上的定义是这么写的：当信任到了极端地步时，便是信仰。信，信奉；仰，仰慕。而我所理解的信仰，是一个人的精神世界的支柱，是直达灵魂的梵音。

"人活着总得仰望些什么。"找寻人们所仰望的全部，无论是浩瀚之星空或是永存的道德法律，剥去其外在的包装，留下最本质的、最能够冲击我们灵魂的东西，便是信仰。以光比喻，信仰应该是在最深重的绝望中仍不灭的光，无论这光是否微弱，对于黑暗中的人而言都是真真切切的温暖与光明。佛云："一念三千。"在无限短暂的瞬间，流转的是万般思绪，这便是一个人灵魂深度的体现。

我始终笃定地相信"绝不轻言放弃，否则对不起自己"，"天助自助者"，"要有最朴素的生活，最遥远的梦想"，"做最好的自己"，这样的句子，除去辞藻的修饰，也许可以概括为坚持、努力、梦想、完美这四个词。我想，它们便是我的信仰。当然还有"爱"——全世界的共同信仰。信仰是没有对错好坏之分的，全系于人的理解。

我始终在思考的是，每个人都有信仰吗？信仰来源于何方，又是如何成为一个人的精神支柱的呢？而当人们拥有了信仰，行为处事是否必然发生改变？倘若人们都有共同的信仰，是否这个世界只会有一种论调，一种行为方式？

历史的车轮滚滚前行，时代演进至今。科学技术的发展带来了社会的革新,可是信仰的缺失却成为当今高歌猛进的社会中的杂音,有的甚至认为我们正处于"道德滑坡"的时代。

也有人认为所谓信仰在当今缺少现实意义。人们忙于生存,精神被置于被漠视的地位,"举头三尺有神明"不能够再引起人们对生命的敬畏,拜金主义、享乐主义、个人主义等侵蚀着人的灵魂。老人跌倒了却没有人上前搀扶,小悦悦那个只有两岁却见证了世间冷漠的孩子最终遗憾离世,多重"门"事件和食品安全问题的频繁曝光,"牵尸要价"等道德沦丧的事件一次次地冲击着人们的眼球和心灵,吞噬的是这个社会的良知。我们甚至寻不回蛮荒时代的那份纯真与质朴。

但是,事物总是有两面性的。在假恶丑频繁地被曝光后,更多更珍贵的真善美同样感动着人们。有人奋不顾身地救助落水者,有目击者勇敢地为被诬枉者作证,有无数网民的爱心接力和灾后寻人,有第十九个不再冷漠的拾荒老人抱起了小悦悦……温暖和感动正在延续着,对抗着这个世界的阴暗面。灾后重建应急机制中相当重要的一环就是心理救治,让人们找到生活下去的信念,重拾信心。离开了希望和信仰,没有任何人可以生活下去,就算是被判终身监禁的囚徒,也总还抱有在有生之年能重获哪怕短暂自由的希望,或者期待另一段有别样意义的人生。

我想,重拾信仰,是一项有深远意义的事情。

首先,人们必须意识到自身的局限性,对生命、对事物产生敬畏之心。人不是万能的主,人的行为受限于自然法则和社会法则。我们应该认识到世界太大,而人作为一种生灵,终究很渺小。有所敬畏,才能读懂万事万物中的深意,才能够仰望那片神圣而深邃的星空。

其次，教育作为精神文化建设中必不可少的手段，我们应该将其向更广更远的方面普及。只有对世界有更加深刻的认识，才能够更深层次地进行思考和自省，从而了解所谓道德，所谓信仰，并不是一种浮于纸面的虚无之物，而是有其深刻含义和现实意义的精神寄托。

再者，加大对于真善美的宣传力度，增强政府公信力，严惩假丑恶。我始终认为，信仰是灵魂的产物，不是可以由外物赋予的，应是多种因素潜移默化下产生并不断修正后的产物。因此，当社会所倡导的精神被反复地提及，重复地引起人们的共鸣，这样的时代精神便会融入一个人的思想中，进而成为其信仰的一部分。政府公信力的提升有利于法律法规及政策的推行，对人们的言行有更好的规范导向作用。对于假丑恶的严惩，可以唤起人们的思考，引起人们的重视。当善被重复强调，恶被严肃处理，恶所能够占据的空间便会越来越小。人们会从思想上认同这种正确积极的社会价值体系，提高对社会的关注度，如此才有利于一个人价值观人生观的树立以及信仰的自然生发。

我想，若在无数的念想之后，心中回荡的是那样悦耳的梵音，目中所见的是朗月清风，那么，人们的精神世界定因信仰的存在而万般美好。

9.
爱即信仰

2011 级财政金融学院／刘楠

　　我认为信仰是信念的升华，是对某物的尊敬和肯定。人们用信仰来约束自己，鼓舞自己，从而克服困难，创造更美好的生活。爱是一种信仰，把我带到你身旁。爱就是我的信仰。虽然我不知道作为一个年轻的大学生，有没有资格讨论爱，但是正因如此，我奔跑在追寻爱、给予爱的道路上，爱人爱己，爱国爱世界。爱是一种需要，爱是一种关怀，爱是一种习惯。爱是一切行为的出发点。因为爱，我们愿意诚信对待他人，愿意提高自己的思想境界，愿意为人民、为国家服务与奉献。

　　我们无法否认爱也有负面的影响，有时爱得太深、太极端、太偏激的危害也是非常大的。这种爱，容易误导人从而使人形成不正确的价值观。像如今有的父母给予孩子沉重的爱，压得孩子喘不过气来；有的情侣以为非他不可而殉情；有的同学偏爱某科，别的科目都置之不理……这些现象足以引起我们对于如何正确去爱的重视。所以，爱什么，如何爱，如何看待自己的爱都是我们面临的问题，是需要我们进行深入思考的。

　　到底如何爱，我想，首先，爱要宽容。宽容是爱的必修课，原谅使得我们拥有更广阔的内心，俗话说"宰相肚里能撑船"。现代社会，退一步海阔天空是很重要的。其次，爱要懂得珍惜和知足。在这个冷暖自知的年代里，尽管国家越来越富裕，人民的生活越来越舒适，可是不幸的人还是各有各的不幸。我们都应珍惜并且知足现在拥有的爱和幸福，怀着感恩的心并传递这份爱。再次，爱要广博与专一。作为一名中国人，兼济天下是我们必要的品质，但是对待自己钟爱的事物专一但又不走极端也是很必要的。我们应该把握好博爱与专一的度，善待自己的所爱。

现在是一个强调个性的社会，所以人们的信仰自然也是不同的。在我看来，只要不走极端，信仰什么其实不是最重要的，重要的是有信仰。有了信仰便有了支撑，有了继续奋斗、继续生活的强大动力。

当下中国，社会信仰出现一些问题，主要表现在：首先，信仰缺失，尤其是精神层面上的。在现实的诱惑与虚浮、钱权交易的干扰下，个人努力与个人价值很难被肯定，这样容易使人找不到方向确定不了信仰。如果人人都没有信仰，就没有追求和约束，那人人为所欲为，社会自然就会乱套。其次，过度的极端信仰。这种信仰容易使人走极端。众所周知，为宗教信仰"走火入魔"的事屡见不鲜，这样的例子时刻提醒我们，拥有正确的、正面的信仰是必不可少的。

正如老师所说的诚信教育，道德诚信引领人们到达高尚价值追求的高度，摆脱纯粹个人利益的局限，进一步完善人格，而具有良好法律诚信和道德诚信的人，一定会表现出良好的心理素质，良好的心理素质反过来又会促进对法律诚信的认识和贯彻，推动对道德诚信的信仰及坚定追求。其实说到底，诚信、道德、爱与信仰都是密不可分、相互关联的。一方面，信仰它们是为了更好地把它们用到生活中；另一方面，有了它们，才能更好地践行自己的信仰。

作为一名人民大学的学生，应该加强思想道德与法律修养，坚定自己的信仰，树立正确的人生观、价值观和世界观，拥有一个健全的人格，才有可能成为"国民表率，社会栋梁"，做一个真正对社会、对国家有用的人。

10.
求真、向善、塑美

2011级法学院 / 欧启伟

尼采在《快乐的科学》中说："上帝已死！"讲的是中世纪蒙昧的"上帝"信仰的消逝，渐渐地，西方人形成了科学民主甚至还有宗教的新信仰。那么在中国社会呢？古人说："敬天命而畏之"，儒生信仰"圣人之道"，在近代民族危机与西学东渐中，自觉的信仰反省与激烈的思想碰撞出：天道、儒圣、西学、马克思主义。它们谁更好？谁更能解决中国的实际问题？新中国成立以后，"反右"与"整风"，十年"文化大革命"的混乱，改革开放大潮中出现的诸如天安门前的孔子像立起又倒下，激起一阵尘埃；还有更近一些的"彭宇冤案"和"小悦悦之死"，似乎让人们觉得中国人丧失信仰了。那么，当代中国人究竟该不该有信仰，又该有些怎样的信仰呢？要想说清这个问题，恐怕就得从认识信仰开始！

信仰为何？周国平说："信仰，就是相信人生中有一种东西，它比自己的生命重要得多，甚至是人生中最重要的东西，值得为之活着，必要时也值得为之献身。"在我看来，信仰就是仰望你所相信的东西且相信你所仰望的东西。

怎样才算有信仰？是要信佛、信道或信基督吗？真正有信仰不在于你相信佛、上帝、真主或别的什么神，而在于你相信人生应该有崇高的追求，并愿意为之付出一生去追求你所相信的崇高。

信仰并非是一成不变的，每个人都能在寻找信仰的路上发现新的信仰或发觉信仰中新的内涵。

曾经年少的我在老师的教导下信仰"马克思主义"，这只是为了信仰而信仰，并没有完全明白其中真正的含义。随着年岁的增长和经历的增多，我开始反思我的信仰。

走在寻找人生信仰的路上，我不断地尝试与否定：公平、正义、自由、和谐、科学、生命、奉献……似乎都值得我去信仰，可似乎又都还不够。我开始深思：也许，原本就不需让一个太具体的词语（如"民主""平等"之类）来限制我们的信仰。于是，我不再纠缠于"这个或那个是否能成为一生信仰"的问题。我认为，只要是朝着真、善、美发展的，都值得我们去相信与仰望。古人克己修身也好，齐家治国也罢，无一不是为着求真、向善和塑美的目标进发。在我的学习生活中，因为求真，所以诚信。坚守诺言、说到做到、真心待人，一言一行亦是真。因为向善，所以助人。尊老爱幼、批恶扬善、保护自然，点点滴滴就是善。因为塑美，所以努力学习，塑造品格，锻造体格，丰满性格，方方面面皆寻美。

由己及人，再联想到当今中国社会。我们现代人究竟把真善美的信仰丢到哪里去了呢？"知之为知之，不知为不知"的求真精神今天又如何？假文凭，假证件，假专家……似乎除了"作假"是真的以外就都是假的了！古人"为鼠常留饭，怜蛾不点灯"的向善情怀今天又是什么？人情冷漠，见死不救，践踏生命……对人和自然的怜悯之心何处能寻？"充实之为美"的塑美意识在今天是否依然存在，"芙蓉姐姐"、"犀利哥"……美的定义被随意歪曲与恶搞。环顾四周，信仰缺失，人们无所信也就无所惧，以致出现一些社会问题。

解决这一系列社会问题尚需要做出多方面的努力。但我认为，很重要的一条便是引导人们树立求真、向善和塑美的信仰。求真，追求诚信真实，每个人和每个企业都说真话、办真事、做真人，就不会有"神医"张悟本、"神道"李一，也不会有"三鹿"、"双汇"这样的食品安全问题，社会才能充满信任感与安全感。向善，心存悲天悯人之意，路见不平一声吼，让小悦悦之死不再发生；爱护自然，关爱生命，让"海豚湾"的悲剧永远成为过去。每个人都"勿以善小而不为"，社会才会达到人与人、人与自然的和谐。塑美，指内外之美的统一。一方面，明智修德，努力成为心美之人；另一方面，不再去恶搞与八卦，树立正确的审美价值观，让人们看到社会真正美的一面。

大风泱泱，大潮滂滂。洪水图腾蛟龙，烈火涅槃凤凰。泱泱千载中华，必当有所信仰，才能屹立不倒。望我辈皆是有所信仰之人，塑造真善美之民族！

11.
守望良知

2011 级法学院 / 宋柄君

"这是最好的时代，这是最坏的时代；这是智慧的时代，这是愚蠢的时代；这是信仰的时代，这是怀疑的时代；这是光明的季节，这是黑暗的季节；这是希望之春，这是失望之冬；人们面前有着各样事物，人们面前一无所有；人们正在直登天堂，人们正在直下地狱。"狄更斯《双城记》以这样的开头敲醒我们沉睡的心灵。

如今却有人相信：我们生活在一个没有信仰的年代。的确，我们没有如同基督教般约束众生的宗教教义，共产主义的理想也日渐化为教科书中的黑白字眼，传统道德似乎经不起经济利益的冲突和挤压，难道真是"信仰死了，我们苍白了"？我们果真没有信仰了吗？

"人之初，性本善"，这是我们从小习读的理念。亚圣孟子曾说："恻隐之心，人皆有之；羞恶之心，人皆有之；恭敬之心，人皆有之；是非之心，人皆有之。"我们应该庆幸，我们天生信仰着父母馈赠的宝贵品质——良知。然而，当我们逐渐迈向社会，我们的"性本善"论，似乎受到了嘲讽。但是，现实中存在的某些丑恶并不能顺理成章地成为动摇这种信仰的理由。

我曾读过对于"良知"的较完整的解释是："良知，即知耻、知愧、知恩。"我认为一个有情怀有作为的人，无不生活在此"三知"铸就的精神境界里。知耻而后勇，知愧而后进，有良知的人成为社会的"贤人"。翻开沉甸甸的中华历史长卷，不难发现，照耀汗青的名字背后，写满了一个个良知的故事。当勾践卧薪尝胆之时，当廉颇负荆请罪之时，良知的种子悄然嵌入民族的灵魂世界里。

曾几何时，当南京"彭宇案"、"小悦悦事件"掀起道德批判狂潮的时候，我也曾对自己的良知信仰存在困惑。这种单靠自我修炼的形而上的道德，果真能在日益物质化、数字化的世界里找到自己的一席之地吗？无数次出现在媒体舆论中的"道德滑坡"四个大字让人心痛，却又让人麻木，我们似乎在不由自主地加入冷漠的人群中去。比起自我反思，我们似乎更善于为自己的冷漠找到各种合理的借口，比如说自我保护。每当这种缺乏良知的事情发生时，总有一个声音在呐喊"法制不健全！"然而，我一直认为"道德的归道德，法律的归法律"，法律不能够预测将要发生什么并给予惩罚，但是我们的良知却能永远地让我们远离那些过错，这也正是我们的祖先总结过的"礼禁未然之前，法施已然之后"。

前几日的一节英语课更加坚定了我对良知的信仰，尽管它看上去是如此抽象。课堂上我们就"该不该给乞讨者钱币"进行了讨论，有同学认为不该给，因为他们可能干着欺骗善心人的勾当。而老师说出了一句我可能一生都不会忘记的话："如果他们真的需要呢？无私的爱，这才是受过高等教育的人应该做的事。"而我们，是否正是这些所谓的"受过高等教育的人"呢？而真正受过高等教育的人是否更应该秉承对良知的这份遵从呢？如果一个国家的新生代智商高却冷漠，那么这个国家的凝聚力何在？我们的一举一动都是社会发展的一面镜子，因而我更加笃信我的信仰，只有当我们每个人都能够知耻、知愧、知恩的时候，我们才能把社会建设成为充满幸福感的伊甸园。

12.
坚守"心中的绿洲"

2013 级新闻学院／晏思思

"选择坚守,选择理想,选择倾听内心的呼唤,才能拥有最饱满的人生。"一位学姐在北京大学中文系 2012 年毕业典礼上致辞时如是说。她以一个过来人的身份,劝诫学弟学妹们在这个怀疑的时代仍然要保持自己的信仰,不要为了利益把信仰、理想、道德都当成交易的筹码,更不要因为心灰意冷而随波逐流。

一直以来,我对于信仰这个概念都特别模糊,因此也不能判断自己是否真正有信仰。也许我可以说我信仰佛教,宗教的确在一定程度上对我的心灵产生了约束和净化作用,但是事实上却并没有给我的行动起到多少引导作用。因此,从这个角度说,我是一个没有信仰的人。换言之:信仰,就是你的信任所在。但与信任不同的是,信仰同时是你的价值所在。或许我更赞成,或者说更理解这种观点。有时候我们执着的一个地方,甚至是为之笃定的一句话都可以成为我们的信仰,只要它能够支撑我们鼓舞我们给我们安全感和力量。

我一直都很信奉的一句话是"任何一件事,只要心甘情愿,总能变得简单"。这句话让我在面对任何事情时,都能保持一种积极向上的态度。不管是繁重的学习任务,还是复杂的人际关系,或者是生活中各种棘手的问题和烦恼,我时刻警醒自己,这个本来就应该是我承受的,我愿意去做这些事,愿意去处理这些问题。就是这样简简单单的一句话,让我的生活变得更加轻松更加有动力,支撑着我走了很远的路。所以说，我觉得这就是我的信仰。记得《花田半亩》中写过这样一句话，"一个人，总要有一些重量，沉沉坠在心底，才不至于轻至无形"。我觉得这个重量对于我来说就是信仰。也许我的这个信仰并不如比尔·盖茨"慈善到底"那么伟大，也没有席慕蓉"相信上天安排"那般诗意，但是有这样一句话放在心底，让我在任何时候都能特别踏实，不会在追逐梦想的过程中迷失自我。

其实反思自己进入大学这两个月，我确实感到挺迷茫的。课程不多，但是各种要做的事情总是感觉做不完，虽然说我坚持自己的信仰，把自己应该做的事情都做好，但是做了这些真的有意义吗？就好像高中的时候，我知道我每天拼命地刷题写试卷是为了我理想的大学，可是现在我不知道自己参加这个社团那个协会这个讲座那个比赛最终会给自己带来什么，也没有一个明确的奋斗方向。我知道，这种一味逃避问题、不明方向、盲目坚守信仰的行为，会让我处在一种非常危险的状态。所以我必须尽快停下匆忙的脚步，审视自我，让大学四年的目标明确起来，这样才能为信仰找到扎根的地方。

作为新闻学院的一名学生，我深知新闻人的信仰是"记录社会，唤醒社会良知"，但是这几个字对于目前的我来说实在还过于沉重，期待通过四年的潜心学习和历练，自己能够担得起这份重量。我愿意坚守自己最初的信仰，并为之笃定，从而收获最饱满的人生。

13.
让爱永驻国人心中

2011级财政金融学院／杜冉

什么是信仰？我认为，信仰是一个人的终极信服与崇拜，是一个人最本质的行为准则。信仰支撑了人的一切选择、行为，是人做出一切选择、行为的理由。

我的信仰是"爱人"。所谓"爱人"不仅是行为上的，比如在别人有困难的时候伸出援助之手，这种帮助不仅是物质上的，更是精神上的。由于人与人的精神领域必须借助一定行为才能相互沟通，但"爱人"的过程不一定是人与人沟通的过程，因此不是必须借助行为才能完成，所以它可以是看不见摸不到的，只有"爱人"的人自己知道，"爱人"也无须对方察觉到，自己心中明白足矣。我愿从心底为他人的失败感到难过，尽管他是我的对手；我愿从心底为他人的成功而高兴，尽管失败的可能是我。我愿在心中同时承担自己和他人的快乐与痛苦，而这快乐和痛苦没有贴上名字的标签，我会认为快乐或痛苦是"我们的"，而不是"你的"或"我的"，我会为"我们的"快乐感到高兴，为"我们的"痛苦而悲伤。

任何信仰都会有它的困惑，比如信仰存在的价值问题。许多人信仰善良、信仰正义、信仰诚实、信仰博爱，然而现实是残酷的，现实的种种丑陋、黑暗会使一个人原本坚定的信仰动摇，似乎许多美好的信仰在现实面前总是那么的软弱无力。究竟是屈服于现实、让信仰随着现实的黑暗而去，还是坚决地维护自己的信仰，逆现实而行，是一个令人困惑纠结的问题。

当然，信仰有困惑并不可怕，它至少可以证明信仰的存在。可怕的是压根儿没有信仰，一个人便可以不受内心的自我约束而为所欲为。而现在的中国似乎缺乏一种普遍的基本的信仰。或许有人说，中国佛教徒众多，寺庙林立，这便是中国人具有信仰的证明，然而我却觉得迷信的成分远大于信仰。许多人自己遇到困难、需要佛祖保佑时心中有佛，而在他人遇到困难急需帮助时，完全把至善至爱的佛抛在脑后。佛教便成为维护自身利益的工具，因而不算是一种信仰。

伴随着改革开放我国经济的飞速发展，一部分人乐于追逐金钱、追逐利益，似乎忘记了心中信仰的坚守。譬如"彭宇案"、"小悦悦事件"等，体现的是人性的自私与冷漠。长此以往，国人信仰的缺失会使得社会越来越缺少人性的温暖。

中国传统文化是维系中华民族这个大家庭并推动中国社会不断向前发展的持久动力，是中华五千年文明的魅力所在。如今，孔子学院远播世界，传播着"仁"、"礼"等思想，感染许多热爱中国文化的外国人；回头看看咱们自己，又有多少人还记得先贤的人生忠告呢？当然，人可以追求名与利，关键是要取之有道，不能走极端，不能以人性和信仰的缺失作为追求名利的代价。

因此，我们要重新拾起先贤的谆谆教诲，弘扬中华传统文化，让信仰永驻国人心中。

14.
追求真善美
2013 级外国语学院 / 戎晨珊

此刻，我正坐在寝室的桌前，左手旁的手机 QQ 不断跳动着好友们的头像，台灯的光柔柔地照着。有那么一瞬间，我仿佛置身于柔软的海草波纹中，轻轻拨开舞动的叶片，去寻访自己的心灵深处。

"信仰"是一个高尚的词，它决定着人的前进方向，勾画着未来的蓝图，正因如此，我反而有些茫然了。什么是我笃信的真理？什么是我追求的目标？什么是我的基本准则？

外婆和妈妈都是信仰佛教的。她们相信有因必有果，善恶终有报。奶奶是信仰基督教的，她坚信人的一生是不断赎罪的过程。当然也有人什么都不信，什么都不怕，大胆、张扬、毫无顾忌。按理说，像我这样从小接受马克思主义教育的人应该毫不犹豫地说"我的信仰是马克思主义"，但我很惭愧，因为马克思主义我知之甚少。马克思主义的精髓、准则，我不甚了解，或者说，我的了解仅仅止于皮毛。我的阅历不过匆匆十几载，怎能大言不惭地说我了解它？

我把信仰理解为两部分。一部分是宗教信仰，另一部分是人生信仰。这两部分实际上也很难完全割裂开来。很多时候，人们的人生信仰都受到宗教信仰的影响。例如佛教徒的人生信仰大多是行善积德，勿以善小而不为，勿以恶小而为之。而基督徒则往往认为感恩、宽恕是人生准则。但我在这篇文章中更想讨论的是人生信仰。

我不确定我所写的"追求真善美"是不是一个很空洞的概念。

但我想了很久，只有这个词能完全概括我的价值观和人生观。这是我自小学以来坚持的，是我的语文老师带给我的启蒙。

每天早晨打开新闻网站，总会有这样那样不尽如人意的事。某种天灾又来了，哪种动物又濒临灭绝了，哪里又有恐怖袭击了，拜金男女又干出哪些出格的事了，小孩子又遭遇社会黑手了……手机的小屏幕就是被撕开的社会阴暗面，赤裸裸地呈现于眼前，各种失望、不满集聚心头。这时，对真善美的追求便犹如黑暗沙漠里一股泛着莹莹光亮的泉水，指引着前行的方向。它指引着我去关注社会积极向上的一面。西湖景区的志愿者们用烟头摆出"无烟西湖"的字样；重庆垫江县桂溪镇一位丈夫用1183天唤醒植物人妻子；杭州某机场，母亲欲为遇难女儿善后错过航班，飞机滑行五公里为其折返；国庆日，11万人聚集天安门广场等待国旗上升的一刻……对真善美的追求使我们重新发现社会。即使罪恶每天都在发生，我们也要守住心里的希冀。对真善美的追求更能内化为自身的能量。它使我们用乐观的态度看待事物，以积极的心态寻求发展。每个人都希望这个世界能变得更美好，更值得自己为之奋斗，那么对真善美的追求便给了世人一个为美好世界奋斗的动力。

我们常说要使中国屹立于世界民族之林，那么，一个堂堂正正的大国，它的国人怎能没有对真善美的追求？我们常说中国崛起，那么，崛起的除了快速发展的经济，怎能没有一颗强大健康而温柔善良的心？

真善美具有极强的传递性。例如在拥挤的公交车上，一位给老人让座的年轻人带来的不仅是老人的舒适，更有对其他乘客的启迪，或许下一次会有更多乘客让座。很多时候，国人缺少的不是做善事的心，而是缺少勇气，怕被人说成"做作"、"作秀"。只有当做善事成为一种习惯，每个人才能毫不犹豫地伸出自己的双手去帮助需要帮助的人。我知道，我们的社会远没有达到这样的境界，因此，才更需要这样一群传递正能量的人。

我愿意成为这样一个人，永远追求真善美，永远传递正能量，让自己的心健康、美丽，让世界变得更美好。是的，这就是我的信仰，我愿意一辈子为之奋斗的事。

15.
从历史中重拾信仰

2011 级国学院／鲁鸣柳

人，皆有信仰，或出于宗教，或出于政治，种类繁多、不一而足。

冯天策先生在《信仰简论》中认为："信仰是统摄、指导其他意识活动、意识形式的精神领袖，是人类意识对自身生存背景、条件、历史和结局的整体审视与全面反映，是人类对自身存在与外界关系的自觉体认与主动调整，是对终极性人生目的的确认与追求，是人类最古老、最繁杂的社会活动和文化现象。"因此，信仰是一种精神力量，是一个人世界观价值观的体现。

我的家人都是虔诚的佛教徒，这种宗教信仰也在一定程度上影响了我。可是，随着自己年龄的增长，眼界的开阔，我的信仰经历了一个多元的过程。

在那段时间里，由于我的信仰出于自己对生活的体认和对多种价值体系的吸收，导致我对待一种事情常常会有不同的态度。一件事情从佛家的角度看自然与儒家不同，而一旦结合现实生活就更加使人混乱。现在的我，找不到一个可以一以贯之的稳定的体系，不同信仰间的差异让我困惑。特别是在一件事公说公有理婆说婆有理时，我往往不知该选择哪一个角度来看待它。然而随着自己对中国古代原典的阅读，对传统文化了解的深入，我想说，中华之传统即是我的信仰，阳明之学即是我的信仰。

有人认为，当代国人没有信仰。的确，面对当今社会经济飞速发展、价值多元化的冲击，我们传统建构的儒家价值体系正在日渐衰微。我认为，这和近代以来国人对儒家文化的全盘否定或全盘肯定有关。中国人向来容易走极端，常常陷入非此即彼的困境，殊不知在两者间所达到完美的平衡才是真理，也就是孔子所言的中庸之道。网络上有两派，一派愤世嫉俗，以抨击政治提倡民主厌恶金钱为口号；一派盲目自信，一副中华帝国天下独尊的面孔。我想，这些现象的产生，根源在于对中国传统文化的不了解，对中国历史的不了解，还有眼界的狭隘。因为知识缺失，所以无知。因为无知，所以无法合理解决现有矛盾。因为无法解决矛盾，所以人们不愿直面现实，所以愤怒，所以迷茫。没有信仰的迷茫背后，是对中华文化的不自信，是对自我的不自信。我们中国史上不是没有信仰，只是它遗失了，褪色了，缺少了真正理解它的人。我们守着世界上独一无二的宝库，却埋怨财富的稀少。原因无他，因为我们懒得打开宝库的门，或者说，早已忘却开门的方法。

在《思想道德修养与法律基础》课上，我曾用文化荒芜来形容当今社会人们的精神世界，老师当场提出异议。也许，此言有失于偏颇。可让我们来想一下，虽然我们依然拥有中华民族五千年的历史文化，可我们当代真的还有能与先人匹敌的大儒么？真的还有与司马迁、班固并肩的史学家么？至今还有几个真的能与我们的国学大师相提并论的学者呢？要想解决中国人的信仰问题，就要从中国自身入手。外国的东西固然好，但不一定与本国相适应。因此，要想真正让中国人不再迷茫，根本在于重拾传统文化，对历史的理解，让我们的每个国民都能了解民族的过往，领略先人的智慧。

16.
真理——信仰之火

2011 级理学院 / 程家红

人生在世，短短几十年，犹如白驹过隙，但也是在这短短的几十年中，有的人成就一番辉煌，千古留名，有的人碌碌无为，更有甚者，留下了千古骂名。同样的时间，结果悬殊，令人瞠目，却又在情理之中。人的信仰不同，注定会有一番不同的行动，从而产生不同的结果。

信仰是什么？百度上说，信仰是人对人生观、价值观和世界观等的选择和持有。而在我看来，信仰更是一种指引，一种支撑，一种人生价值体现的问题。

指引。人生难免会遇到各种选择，有所选择就意味着必须有所放弃。这时，该选择什么是由一个人心中的信仰来支配的。信仰高尚，就会有舍生取义、宁为玉碎不为瓦全的选择；信仰忠贞，就有了面对敌国百般利诱却毅然以身殉国的选择；信仰清高，便有了放弃官场俸禄，采菊东篱下，悠然见南山的选择。信仰，这种看不到摸不着的东西，总会在选择时引导人走向符合自己内心的善来决断。

支撑。有了信仰，就会有所选择，有所选择，就会有所付出。在人生的航程中，从来不会缺少大的风暴，当面对大的风暴时，当周围人都不再镇定不再安宁时，内心的信仰总会使你安定，支撑你渡过难关。信仰，总会在你最脆弱时为你鼓起继续下去的勇气。心中有了信仰，就会比别人多一份镇定，多一份坚持。

我的信仰很简单，就是在短暂的人生中，不断追求真理。它是一个涉及科学、经济、自然和人性等广阔领域的对真理的追求。

在我看来，追求真理对每个人的影响貌似普通，其实深远。短期看，它可以促进个人内涵修养与思想境界的拓展；长期看，它又能成为个人改变世界的特殊工具。

拥有追求真理的信仰，是令人羡慕和受人尊敬的重要条件。因为追求真理将带来更多的资源与机会，从而给人更多的自信去应对困难，解决困难。

真理往往会给人带来不同寻常的价值和利益，而追求真理的人，通常会产生不同寻常的人际效应，他们总能带来希望和惊喜，总能给人信任与好感。每当别人遇到难以解决的困难时，往往更愿意与他交流。在正常情况下，人们也更愿意帮助他们，所以这些人依靠源自真理价值的人脉与幸运，能更轻松地前进，更快地梦想成真。

从本质而言，社会的各类组织，从家庭、学校、企业到政府机构都是人的集合。所以追求真理的精神对组织中个人人际关系的影响，必然与整个组织息息相关。只要条件齐备，追求真理的精神不仅能产生能量直接推动组织发展，而且能孕育出良好的文化来间接促进组织和谐。

哪里有更好的追求真理的精神，哪里就有更多的希望、活力和发展。追求真理的信仰可以使社会生产力不断提高，生产关系不断改善，人类的物质财富和精神财富日益丰富，从而促进更高层次的经济繁荣和社会和谐。

我愿意倾情付出，让追求真理的信仰之火熊熊燃烧。因为它的光辉，将让我们的未来更加灿烂，将令这个世界更加辉煌。

17.
对价值观确定性的追求

2011级财政金融学院／郑建宇

《大英百科全书》有关信仰的定义是"指在无充分的理智认识以保证一个命题为真实的情况下，就对它予以接受或同意的一种心理状态"。《辞海》的信仰定义是"对某种宗教或主义极度信服和尊重，并以之为行动的准则"。进一步说，信仰是人类在宇宙中建构的精神家园，在社会生活中奉行的行为规范和价值准则，在人生道路上确认的目的和归宿。

目前我的信仰是自发的而不是自觉的。

在宗教信仰上，尽管我的父母都信佛，但我只是把它当做一种传统文化来对待，不过可以肯定的是我是个有神论者，因为我常常不自觉地以为冥冥之中总会有某种力量在影响我们的社会，以至于我会用运气、命数之类的词来解释某些不可思议的现象。

在道德信仰上，我总是会带点宋明理学家的思维惯性，虽然不是系统地继承"礼、义、仁、智、信"的思想，有时还会犯大男子主义的错误，但当我看"小悦悦事件"时会自发地想到不信、不仁；当我知道"三鹿奶粉事件"时会自发地想到不义、不仁……每当判断事件的是非时，都会有意或无意地用到儒家道德观。显然，我骨子里的道德信仰还是原始的儒学义利观。

在哲学信仰上，我只有一个朴素的世界观，相信辩证法却带有主观唯心主义，而现在的我正在寻找一种科学的哲学，比如马克思主义哲学。

在政治信仰上，与革命者为了一个政治信仰可以献出自己的生命的信仰忠诚度相比，我的自发性就表现得更加突出了，常常是不知所以然地背一点政治术语。因此，我的政治信仰到目前为止仅仅是一些观念，不能上升到信仰。

美国的弗洛姆在《为自己的人》一书中说："信仰是一个人的基本态度，是渗透在他全部体验中的性格特征，信仰能使人毫无幻想地面对现实，并依靠信仰而生活。"疑惑的是，如果说我没有一个确切的、自觉的信仰却能生存至今是由于我的年龄不大、经历过浅，时候未到，那么从古至今中国人都没有一个共同、长远的信仰，而中华文明却能作为世界上唯一没有中断的文明延续至今，这又是为什么呢？

我所能解释的便是我们国家不是缺乏信仰而是缺乏一个长久、可靠的信仰。我身边一个典型的例子就是我信神的奶奶，她每次上庙求神祷告后总要加上一句："如果××事如愿了定来上香还愿。"可是事情要是进展不顺的话，她便会上另一个庙，求另一尊神了。这样的事例生活中并不鲜见，由此可得出功利性的思维是导致我国信仰危机的一个重要原因。除此之外，另一个不可忽视的原因，是我国的信仰部分靠政权来维护，因此，从秦时的焚书坑儒到汉代的独尊儒术，都可说是维护统一信仰的表现。可是政权与其所推行的政策是易变的、不可长久的，这也让大多数人对信仰问题不知所从。

现在社会上有人对信仰抱有质疑的态度，各种信仰问题也屡屡出现，我们的世界仿佛充满了悲剧。但是正如刘建军教授在《追问信仰》一书中所说："信仰危机并不是人生信仰的一种终极状态，而是一种暂时的过渡的状态。"所以与其作为一个批评的旁观者，倒不如置身其中做一个积极的参与者。从我的自身经历来说，信仰传授应从生活中来，到生活中去，并结合自然科学的科学性、系统性，而不是一味地灌输，学习者要保持客观冷静的头脑自主学习，不能一概接受；从前人的经验来看，我国在深化市场经济改革的同时，还应避免过度功利化地追求 GDP 增长，至少主流价值观，不能被拜金主义所占领，个体上更应如此；从国外的经验来看，我们应该淡化在信仰中的政治因素，因为"信仰的确立是个体对其所遇到的各种理论和价值观念进行比较、认知和选择的过程"，所以信仰的深远持久，应靠正确的信仰习惯来潜移默化并加以巩固。

我的信仰告白过程就是我对价值观确定性的追求的过程，这是我给它的定义，也是我的最终理解。

18.
师法自然，顺理成章

2013 级公共管理学院／李卓颖

　　说到信仰，很多人也许会马上联想到解放前暗无天日的日子里满怀希望的脸庞，而不是眼前这个时代。可又有谁能否认，人们在人生道路上的停滞不前，有时候是因为黑暗，而更多的是因为无数次面临十字路口的迷惑与彷徨呢？

　　今天的我们，享受着信息爆炸带来的无限方便，无数次地做出这样那样的抉择，更不可避免地被四面八方传来的信息与潮流裹挟着向前，蹒跚地走在一条看起来一直是自己想要的道路上。然而，当一个真切的路标指出你的谬误之时，我们往往会发出和保罗·高更一样的惊叹：我们从哪里来？将要去何方？

　　我也曾发出这样的疑问，当寄予满腔希望的目标化为泡影，当倍加珍惜的时光不知所向，当辛勤努力的成果遭到质疑。而当我偶尔从书卷中抬起头来，凝望眼前的一片青翠，思考自己的过去与将来时，我恍然有了答案——跟随你的信仰。

　　"师法自然，顺理成章"，这也许是对我人生信仰的最好概括了。我一直坚信，人作为自然中的一员，其生存发展必然与自然有着千丝万缕的联系。纵观中外，人们最大的精神支柱，往往是现实中或想象中的一片山水：静谧的瓦尔登湖，自由隔绝的圣皮埃尔岛，落英缤纷的桃花源……而我，生在山环水抱之地，成长在草木馨香之中，不知不觉，已将眼前的风景，画在了心中。

可是如果仅仅这样描述的话，未免有些太过空泛，人们甚至会举出原始人类对自然的过分的敬畏崇拜，以及资本主义社会"优胜劣汰"自然法则带来的灾难等极端例子来加以说明，但还是有它的局限性。就我的理解而言，自然信仰包括以下几点：

坚持动静相宜、张弛有度的生活原则。众所周知，我们生活的每一天都包含白天黑夜，即使是在南北极，极昼极夜的时间也近似相等；大多数地区的每一年，都有生机盎然的春，激情四射的夏，冷落萧瑟的秋和严酷无情的冬。它们动静不同，但又各有分寸；个性迥异，却又相辅相成。人生亦如是。你大可选择疯狂追逐所信、个性张扬的激情道路，也可选择"躲进小楼成一统"的孤独求索生活，但前者不可缺了闲暇时的静静思索，后者不可缺了为理想为乐趣的一时疯狂；你大可选择积极乐观微笑向前的人生旅程，也可选择忧郁惆怅不时回首的行进之路，但两者永远不曾是不相交的两条射线，而是紧紧缠绕的两朵玫瑰。在风风火火之中也曾有悠闲的脚步，即使面临绝境也能露出一丝微笑，"不以物喜，不以己悲"，心境平和，心无所憾。

崇尚兼容并蓄，不偏不倚的生活态度。现在的学生喜欢展示自己作为"文科生""理科生"等等的标签，热衷于给自己匹配与之对应的种种个性标志。而我认为，某一两种为人惊叹的极端"气质"，并不值得骄傲。一个专才，固然值得尊敬，但是从心灵世界来说，却不一定完满。我在高中文理分科时，放弃了自己热爱而颇具优势的文科选择了理科，我的同班同学非常不解，甚至为我感到遗憾。然而，我至今都认同自己做出的这个大胆决定。因为我不想自己成为一个那么感性那么"文科"的学生，我想用新的思维方式武装自己，用不一样的知识丰盈自己。乐纳百川，才成就了海之大。同样的，只有拥有更多元更广阔的视角，才能成就宽阔的舞台和伟大的心灵。学会像容纳万物的自然一样，养育协调众多生灵，营造出一个异彩纷呈而又平衡和谐的生物圈，在自己的生命中展现一种多姿多彩灵动和谐的气象，这才是我们所说的丰富的人生。

人们常说，学习是学生的本分。而我想说，学习本该是人类的天性。丛林法则告诉我们，唯有学习进步才能不被淘汰，也正是因为这么做，人类才站到了食物链的顶端。可是对大多数人来说，学习往往意味着"读书"，于是一天的时间往往被分成了两块：用来啃专业教材、培训手册之类的学习时间和用来喝茶聊天玩游戏的休闲时间。事实上，每一分每一秒，你所遇见的每一件事都有可学习之处，你所获得的有效学习时间在于你是否有一个积极准备发现、吸收、创造的心态。我们也许不用像草原上的麋鹿一样警惕地观察四周的风吹草动，但我们能在一次看起来无聊的会议上学到合宜的言谈举止，在随手就扔进垃圾桶的宣传页上学会某种排版方式，在无所事事的候机时间中读完一本小书。"随处学习"的心态可以让我们不再把学习当作一件痛苦的差事，而成为一种习惯；将僵化死板的想法转变成创意，把开放交流变成一件无比自然的事。

致力于培养和谐圆满，携手共进的人生心态。京都陶瓷公司创始人稻盛和夫曾经说过："导致人类成功的是爱心、真诚以及和谐的心性。这样的心性，其实是人类本来在灵魂深处就拥有的东西。所谓爱意，就是把别人的欢乐视为自己的欢乐；所谓真诚，就是总想着为社会，为别人做些什么的心性；所谓和谐，就是不仅希望自己，同时也希望身边的所有人都能得到幸福。"从小竞争到大，我们太懂得如何去争夺，如何使自己变得出众，走入社会往往无所适从：企业家们看中团队精神而不在乎抢尽风头的你，政府需要为人民服务的人才而不是只想服务于自己的你……人从食物采集者阶段就是携手并进的，而如今，任何一个人也无法将自己与他人分隔，创造一个只有自我的人生。只有一种将自己的幸福与他人的幸福共融的和谐心态，才是与人与生俱来的群体气息相呼应的，才是让我们作为茫茫宇宙中孤独的有知群体不再孤单的理由。

师自然而得其理，顺理而成章。这就是我的信仰，简短却不简单。

19.
"和"之信仰

2011级法学院 / 王建睿

在写这篇短文之前，我并没有真正地思考过"什么是信仰"，在我的印象中，信仰是个离我很遥远的词。比如有人以宗教为信仰，共产党员以共产主义为信仰，而我不信耶稣和神灵，也暂时没有能力担负起共产主义信仰的重任。我只是一名普通的大学生，社会的普通一分子，难道我就没有信仰了吗？我想并非如此。

在我看来，所谓"信仰"，就是一种坚守、一种追求。对于每个个体而言，信仰是精神依托，是其行为处事的准则。当他们拥有各自的信仰后，便会出现社会的总体信仰，而这种信仰成为社会发展的内在动力。我们可以把总体信仰看成是一种合力，当个体的信仰基本一致且方向正确时，合力的力量是巨大的，推动着社会不断进步；当个体信仰不一致、过于多元时，产生的合力便是渺小的，阻碍了社会的前进步伐。如果把我的信仰归结为一个字，就是"和"。"和"是和谐、协调的意思。作为存在于社会之中的个体，我认为"和"是一个基本的、必备的信仰。或许有人会觉得"和"过于抽象、过于宏大，但其实不然，它可以体现于现实生活的方方面面。"和"是中和、不违背，即不偏激、不违背社会规范、道德，不违背人与人交往的准则。如果细化到我们的日常生活，这种信仰指引我去遵守作为学生的规则，去处理好与同学、与老师、与社会上各种人的关系。

　　事实上，在信仰"和"的过程中我也曾有过困惑，比如在与同学交往中，我不懂得拒绝，害怕拒绝会破坏"和"，而我自身也因为固执地严格遵守这种"和"而产生烦恼。但是当我再深入地把握"和"的内涵时，似乎明白了"和"的真正含义。用孔子的"和而不同"来形容再恰当不过了。即"和"并不是"同"。我们没有必要为了达到一种纯粹的"和谐"而放弃自己的想法和态度，因为这种放弃本身就不是一种"和"，不是一种"协调"。正是源于对"和"的深入理解，让我渐渐体会到信仰的力量——既是对精神家园的坚守，也是塑造自我独立人格不可或缺的精神食粮。

　　"和"的内涵是丰富的，中国自古就讲究"和"。"礼之用，和为贵"，"天人协调，天人合一"，"中庸"，都体现着"和"的精髓。2008年奥运会上，我们将"和"字书写于世界各国同胞面前，我们追求"同一个世界，同一个梦想"，希望"世界大同"。同时，我们国家正在努力建设社会主义和谐社会，努力与世界各国共同构建"和谐世界"。可见，"和"的信仰也是国家的信仰，世界的共同信仰。

　　那么我们不禁要思考，为什么从古代就开始提倡"和"，直到现在却仍处在"构建"的进程中呢？为什么社会上的不和谐依然存在？随着社会的不断发展，信仰开始多元化，出现了金钱信仰、声色信仰，甚至有的人信仰缺失。古代，人们的思想被钳制，老百姓信仰皇帝。现在，人们思想自由、信仰自由，却同时也不可避免地失去了"共同"信仰。正如文章开头所讲，这种由分散的力产生的合力究竟会把社会引向何方，我不敢设想。面对这个亟须解决的问题，"和"或许是一个由内而外的解决办法。这就需要每一个人的共同努力，真正把"和"作为社会信仰，重塑社会的共同信仰——和谐。

20.
尽一生之力恢宏国学深远之价值

2011 级国学院 / 金卓

所谓信仰者，乃世人心中极度之相信与尊崇，或人或事，或主张或思想或宗教，人各相异且人所必需。信仰既无，便弃人生之终极目标，与死亡无异。及此，学生亦有信仰。学生所信仰者，吾国家之国学也。想我泱泱大国，五千年文明，浩如烟海。从孟孔庄墨到辛柳欧苏，从屈宋左迁到李杜白韩，国学于中华土壤积淀千年而成，乃民族之渊源，文明之根本，是中国之所以为中国的学问。数千年智慧之提炼，无数文化之融合，中华儿女生存之灵魂，为广厦之基，不可或缺。而如今之社会，如今之环球，问题愈多，国学之作用愈重。

面对欧化之风，文化之侵略，何以存我独立之思想，独立之民族，而不为西方所统治？面对环境、犯罪等诸多社会问题，何以扬基本之道德，基本之文明，何以和谐于万物？面对日益激烈残酷之国际竞争，何以强我之国力而左右世界，独善其身？此皆国学之现状及必要，故学生以此为信仰，为天地立心，为生民立命，为往圣继绝学，为万世开太平。故为其传承发扬，不遗余力致力之，虽一己之力微薄，虽一生之时短暂，唯以此为信仰，不舍不弃，方为有意义之人生。

学生有幸进入我校国学院学习，此乃我之夙愿，今之实现，倍感欣悦。国学其路漫长曲折，其学问博大精深，欲有所成就，必为一生探寻之结果。学生自励奋力行之，因如今之环境，收获一二。

人之信仰，高于生命，为终极之追求，生存之意义。我信仰之国学，需一生去践行，以光其精华，恢宏其深远之价值。正如北京中华世纪坛序言曰："大风泱泱，大潮滂滂。洪水图腾蛟龙，烈火涅槃凤凰。文明圣火，千古未绝者，唯我无双。和天地并存，与日月同光。中华文化，源远流长；博大精深，卓越辉煌。信步三百米甬道，阅历五千年沧桑。社稷千秋，祖宗百世；几多荣辱浮沉，几度盛衰兴亡。圣贤典籍，浩如烟海；四大发明，环球共享。缅怀漫漫岁月，凝聚缕缕遐想。回首近代，百年三万六千日，饱尝民族苦难，历尽变革风霜。烽火硝烟，江山激昂。挽狂澜于既倒，撑大厦于断梁。春风又绿神州，华夏再沐朝阳。登坛远望：前有古人，星光灿烂；后有来者，群英堂堂。看乾坤旋转：乾恒动，自强不息之精神；坤包容，厚德载物之气量。继往开来，浩浩荡荡……"

立道德，兴文明，传国学，图富强。中华民族伟大复兴，定将舒天朝晖，磅礴东方。

21.
从心所欲，不逾矩
2013 级外国语学院／张唯楚

谈及我的信仰，实在有点迷茫和无头绪。

记得小时候被爷爷奶奶们灌输的是佛家的"因果报应"，其实无非是"善有善报，恶有恶报；不是不报，时候未到"之类的俗语而已。不过因为家里有信佛的长辈，过年有几天要吃素，抄佛经也是免不了的，平日对我耳提面命也三句不离普度众生的佛祖。然而说这个是我的信仰未免有些牵强，毕竟小孩子懵懂，很难评判这是不是我的信仰。可是由于小孩子对长者自然的信任，又对这些思想深信不疑，所以与其说这个阶段我的信仰是佛教，不如说是信仰长者的权威。

到了稍大一点的时候，对于抄写佛经不只是完成任务，而多了一些体悟和思考。鸠摩罗什的翻译很优美："一切有为法，如梦幻泡影。如露亦如电，应作如是观。"在这个世界上，存在着因果缘际，这些东西，所得所有，所爱所惜，所追所求，都是如梦幻泡影般暂时、脆弱、不真实。而我们看似漫长的一生，却如同一颗颗露珠般的一个个片段组成的。也可能是我们所遇到的美好的不美好的事情，让我们或感动或伤悲，或欣喜或寒心而流下的眼泪。在一个人即将离开人世时，当他翻阅他的一生时，这如露如泪的记忆便是他的一生。而生命偏偏却又像闪电那样无常，有生有灭，那样让人猝不及防。谁也没法预料自己、他人以及这个世界的下一秒。可是我也不能完全接受佛家的全部思想："由爱故生忧，由爱故生怖，若离于爱者，无忧亦无怖。"佛家言无爱，似乎跟理学家的"存天理，灭人欲"的观点相似。可是佛家偏偏又是最最怀爱的，当释迦牟尼在菩提树下顿悟时莫不是怀着对世间的大爱？割肉喂鹰莫不是怀着对生灵的慈悲？地藏王叹："我不下地狱，谁下地狱？"莫不是怀着对有罪恶受苦难的万物的悲悯？

"佛法不二，佛不分是非，没有喜悲；佛见着有缘的便教他度化，见无缘的便教他轮回。后来佛见你了，佛二了，佛更不分是非了，你是便喜，你非便悲，从此你就是佛法了，佛不普度众生了，佛颓了，佛被你普度了，但是佛欢喜了。"这本是聊以玩笑的段子而已，可是里面却有值得思考的地方。人和佛是有差别的。人的佛法可以不拘于是佛而已，可以为外物而定是非而悲喜。人类自由自在的生活方式，我认为比佛幸福得多。

若要谈我十来岁时的思想和信仰时不得不提一下金庸先生。虽说金庸先生影响更大的是我的父辈，可是他的小说却让我内心产生了一种对"侠"的崇敬。我喜欢的苏轼、金庸先生都是在作品中和谐兼容儒、道、佛等思想的大家。博取众家所长，令我钦佩不已。金庸所说侠之大者，非郭靖莫属了，对父母师父，对义兄好友，对国家民族，他几乎方方面面达到了忠义仁恭等道德要求。在武功造诣上举世无双，在情感上与黄蓉情深义重，在家庭上儿女双全，在民族大义上倾尽全力最后举家殉城，堪称金庸早期热血理想化作品中最完美的人物之一了。而金庸先生笔下的主角们，那些可歌可泣的盖世英雄们很少是在中国传统儒家教育下成长的，他们的善不是儒家倡导的"善"，而是一种来自他们本心的"善"。他们行侠仗义、惩奸除恶不是因为"因缘果报"怕遭报应或为后世积阴德，也不是因为"达则兼济天下，穷则独善其身"，只是出于他们本心的"善"。他们认为自己应该担负责任，觉得这样做对，便去做了。这样即使他们不信果报、不知儒道，我们能说他们没有信仰吗？所以这个境界正是我目前正在努力追求的。

殊途同归，所以佛道儒、西方的基督，还有马克思主义，不同信仰最终是不是都指向同一处？我不知道，但我还年轻，有时间去求证，我还有很多时间去尝酒品茶，去候月听雨，去习业咏歌，去为善布施，去爱世人，去行乐受苦。也许有一天，我能够找到答案。

22.
"善"造就人间天堂

2011 级环境学院 / 沈志鹏

最近认识了两个外国人，我抱着提高英语的功利态度，和他们成了朋友。

第一次见面在咖啡厅，从礼节性的问候开始，我们聊了起来，从家乡、学习聊到爱好，最后话题落到了信仰上。他们问我的信仰是什么？我很诧异，他们为什么问我这个问题，这个我从来没有考虑过的问题，一时不知道用什么词来描述我的 belief。外国朋友很明确地告诉我，他们信仰——基督教。然后开始滔滔不绝地向我阐释：他们崇拜耶稣，向往上帝，他们奋其一生弥补自身的罪恶。我费力地翻译着他们的话，看着他们脸上喜悦而向往的表情，不知怎的，却分了心。

我的信仰是什么？我靠什么支撑走过我的人生路？他们有基督教，我有什么？难道是佛教？显然不可能！我是个十分理性的人，根本不可能完全相信那些神仙、上帝之说。外国朋友坚信耶稣死后复活之言，在我眼里是无稽之谈。

可是人不能没有信仰，没有信仰的人就如同无根之草，一阵风便能将他彻底摧毁。如果没有基督教，西方国家会有多少人失去人生的目标。尼采说："人生宁可信仰虚无，也不能没有信仰。信仰能像光一样照亮你的生命，即使永远在黑暗中也不会觉得孤独。"信仰是支撑一个人前进的动力，它总能在人最崩溃的时候给人以希望。我开始思考我的信仰。

我所信仰的是一个"善"字。"善"，不是容颜的闭月羞花，不是举止的温文尔雅，不是财富的腰缠万贯，更不是权势的叱咤风云。"善"，是黑暗凄冷中的如豆星火，是干涸枯竭时的点滴甘露，是迷惘徘徊时的一句点化，是沉迷无助时的一把搀扶。真正的善良是来自心灵深处的真诚的同情与怜惜，无私的关爱与祝福。真正的善良，无须剪红刻翠，无须粉黛雕饰，它本身就是人们内心最原始最淳朴的感情精华。人之初，性本善。可是在经历了太多之后，我们在学会坚强的同时也逐渐变得冷漠起来。我们匆匆地在人潮汹涌中寻找适合自己的角色，漠然地与一切和自己相关的人与事擦肩而过，我们似乎早已习惯了"各自打扫门前雪，休管他人瓦上霜"的处世哲学，而不必再牵挂别人的任何困苦。于是，眼看着那颗曾经晶莹的善良之心在红尘之中慢慢被尘土侵蚀包裹，结成厚厚的茧，于是，我们又不得不负载着这颗结茧之心孤独地在冷漠中艰难跋涉。

太多的事实给了我们沉痛的教训，"小悦悦"的猝然离世叩动了每一个有良知的人的心弦。我所信仰的"善"字似乎在一瞬间轰然倒塌，社会对于人性的认知岌岌可危。"善"仿佛成了纸上谈兵式的荒唐，拒我们于千里之外。然而，我想说的是，"善"并未从我们的生活中消失，"小悦悦"最终被那位拾荒者救起。"善"是无分贵贱的。拾荒者在此之前双手接触的是肮脏的垃圾桶，散发着恶臭的饮料瓶，然而，就在那一刻，也正是那双手，撑起了民族道德的脊梁。善良其实植根在我们每个人的心中，然而由于各种顾虑，我们总是把它隐藏在心底最偏僻的角落，不愿施之于众人。我们害怕因为一时的冲动而付出代价。其实，"善"是没有代价的，我们伸出援手，做我们心底愿意做的事。有何代价之言？如果我们一直都以一颗冷漠的心面对世界，当岁月的风尘将皱纹刻上额头，将雪鬓迁上青丝，我们不知不觉地在孤独与冷漠中逐渐老去，在夕阳残照下，剥去心灵的一隅，才忽而发觉没有了善良，没有了那颗原本容易受感动的心，只剩下麻木干枯的躯壳和永无止境的疲劳与困顿。

"善"，是人生大厦的基础，是人性品质中的瑰丽珍品。拥有善良的人才会懂得去感激，去回报。善良的人，即使没有巍峨高山的冷峻与清峭，也可以有平川凡壑的踏实与稳健。拥有善良，就拥有了生命的方向，即使在物欲横流灯红酒绿中穿梭，也会永远来去从容，两袖清风。

善良，不需要太多的诠释，它是寒风中的一支火把，失意时的一句安慰，痛苦中的一丝爱抚，无助时的一点支援。把善良给别人，也给自己，那么人类将与日月同辉：留一份善良给世界，那么世界将与星宇同寿。珍爱善良，拥有善良，撒播善良，既使自己美丽，也使别人温暖。

我信仰"善"，用我的行动去充实它。我始终相信，"善"是可以传播的，我一人为善，就如撒下善良的种子，它会发芽开花，将善良的芳香撒向世界的四面八方。

23.
人性本善

2013 级外国语学院／黄炜

没有信仰的人最恐怖。

因为无所畏惧，所以可以无所不为；因为没有什么信任的东西，所以失去了该有的价值。

还记得高中语文老师谈到信仰时，他对那些为非作恶之徒的解释：他们不相信神灵，不相信后世，不相信自己做的事情会遭到一定的报应，就像在死后上不了天堂，只能在地狱中慢慢煎熬。他们没有时间忏悔，也不屑于祷告。甚至，在现实世界，连一个他们真正尊重和在乎的人都没有。他们的内心太空、太虚，只能去寻找一些自以为能让他们感到满足的东西——金钱、权力、情色、暴力，或者在他们心里，这些便是他们的信仰，毕竟他们已经真心诚意地将自己交给了这些东西，就像提线木偶一样任凭这些东西支配着他们的精神和肉体。也许，有一天，他们恍然醒来，会一脸诧异地看着自己原来的那尊自以为能拯救自己的心中之神，然后后悔自己做过的事。

我是无教主义者，但这不代表我没有信仰，没有一些坚持的东西。

百度上说：什么是信仰？信仰是主体信奉和仰慕的东西。

我不会三跪九拜地登上西藏的布达拉宫，不会点燃一束香虔诚地在佛祖面前祈求些什么，不会周日跑去做礼拜、忏悔一个星期以来做过的错事。甚至，我分不清各个教派的习俗，分不清基督教和伊斯兰教的区别，分不清佛教和迷信的不同。

但我相信人本身，相信"人性本善"。

在我的思想里，没有一个人是100%的邪恶。再不堪的人内心也有柔软的地方。或许，他们是犯下了什么不可饶恕的罪，又或者心里想着如何害了别人来满足自己的私欲。但在他们出生时，便有一种善良的本能，就算在时间中慢慢掩藏，就算被残酷的现实碾碎，就算连他们自己都不相信他们还有这种品质，但我相信。

我相信，被绑架小孩子的哭声、痛苦的号叫，会让绑匪的心有一丝的颤抖；也许，绑匪并不会轻易放了他们，不会那么简单中止自己的恶行……

我相信，向我借钱的陌生人是真的需要一些帮助，他们也许只是被偷了钱，没有回家的路费；也许只是饿了，想要吃一顿暖暖的饭菜……

我相信，扶起跌倒的老奶奶时不会被敲诈，被汽车碾过的"小悦悦"不会有那么多人无视，落水的少年会有人愿意跳下去相救。我相信，曾经发生的那些惨剧，都只是个不幸的意外，就算人们畏惧承担起自己的责任，最起码，他们也不愿这样的事情发生。

很多人对我说，我很傻很天真。傻到没有理由地去相信一个陌生人。在校医院新生体检时，排在我前面那位同学没有带够打疫苗的钱，回头来向我借，我毫不犹豫地拿出了两百元，背后投过来的是异样的眼光。她不断向我道谢，并保证会还钱，我只是笑笑说，不用急，慢慢来好了。并不是说我有多伟大，只是我不相信她会有恶意，相信"人性本善"。我的这种信仰，让我寄予别人足够的信任，让我做出一些我认为很自然的事。

当然，我也曾迷失过，以后也许还会。

妈妈说，你太容易相信别人了，很容易被骗的。那些人不会无缘无故对你好，都必是有所图的。也有老师说，人性的沦丧，是社会整体氛围所致。大环境的冷漠与怀疑，并不是你一个人就能改变得了的。陶渊明并不是那么好当的，桃源也并不是随处都有的。

或许我坚持的是一种不切实际的愚蠢。那句只存在于教科书上供人研究的话，却被我当成神一样供着，就像一根被水打湿了的火柴，明知道点燃很困难，我却还是努力用它来寻找光明，照亮前方的路。我也想过，如果，有一天我发现我的信仰不足以撑起我的世界，我会崩溃么？我想不会有那么一天。

因为我的信仰有了事实的支持。在无意中我发现了一个调查，给了我足够的信心。在一个实验中，心理学研究员每天在一群刚刚会爬的婴儿面前做简单的动作，比如用夹子挂毛巾，把书垒成堆。经过一段时间，研究员会故意笨手笨脚地搞砸这些最简单的任务。比如夹子掉了，或书堆碰倒了。此时实验室24个婴儿在几秒钟之内，同时都表现出要帮忙的意思。这个简单的实验证明，仅有18个月大的孩子也具有帮助他人的无私品质和能力，婴儿竟然个个都是助人为乐的好儿童。这个事实更让我坚定了自己的信仰。

我情愿，被人用斜眼睥睨；情愿，被人误会为太过单纯。但我还是愿意相信我心中的那一颗北斗星，相信它每时每刻都会为我指明方向，无论我身处何方，遇到怎样的困难与挫折，都能用"人性本善"来勉励自己，支撑下去。

人性本善，相信别人，相信自己，便是我的唯一信仰。

24.
责任让人变得厚重

2011 级理学院物理系 / 魏婷婷

我相信——爱的本质一如
生命的单纯与温柔
我相信——所有的
光与影的反射和相投

我相信——满树的花朵
只源于冰雪中的一粒种子
我相信——三百篇诗
反复述说着的——也就只是
年少时没能说出的
那一个字

我相信——上苍一切的安排
我也相信——如果你愿与我
一起去追溯
在那遥远而谦卑的源头之上
我们终于会互相明白

席慕蓉用诗向我们讲述她心中崇高的信仰，读完之后，我深思我的信仰是什么。我的信仰是真善美——"我相信，爱的本质一如生命的单纯与温柔。"每个人都带着一颗赤子之心来到世上，在成长的过程中，都会经历喜怒哀乐，爱恨情仇。现实就像是一把双刃剑，教会我们生活的经验，同样也有可能改变我们最初的坚持。于是，我们走向了不同的人生方向，走出一条条迥异的路，或笔直，或扭曲，或光芒璀璨，或黑暗如夜。

静下心来细想，究竟是什么在左右着我们的脚步？是心中的信仰，是对爱、对真善美的坚守。"人之初，性本善。"人生之初，我们都有纯洁人性、美好理想。可是那些利欲诱惑就像一股不定的风，时刻准备着把我们前进的小船打翻。真正能驶向终点的是那些坚定不移的人，他们也就在追求真善美的道路上愈走愈远、愈爬愈高，心灵也在一次次的淬炼中升华，发出耀眼的光辉。

其实求美的过程可以很简单，它对我来说，就是做自己觉得该做的事，做值得做的事，好好听每一节课，规范自己的行为，积极地参与社会服务等等。身为一个人大人，我深知"国民表率，社会栋梁"是多么高的要求，而成为表率和栋梁的前提就是做一个爱美知美求美的人。这也是我永远的守候。

我的信仰是公民责任。作为一个物理人，爱因斯坦是我心中神圣的珠穆朗玛峰，不仅是他在物理学上做出的伟大贡献，他的人格魅力也让我深深折服。"我对社会正义的冲动经常把我卷入为人类的冲突中，尽管我对任何看来不必要的联系和依赖都是厌恶的。我一直尊重个体，怀有一种对暴力和抱团活动的不可抗拒的厌恶。无论从任何动机来讲我都是激情澎湃的和平主义者，反对穷兵黩武，拒绝任何民族主义，即使它表现的只是像爱国主义。"爱因斯坦的言论深刻地道出了一个物理人的良知与社会责任感、公民责任感。《思想道德修养与法律基础》课上老师用许许多多的例子来诠释生命的道理，引发我们的深思。我深切体会到了一个人应承担的社会责任和人生责任，潜心治学，用自己的所得哪怕很小，为这个世界增添一抹色彩！

三、生活与信仰同在

1.
只愿心中有个太阳

2010 级传媒大学 / 贾邱皓

中学时候和朋友侃起宗教，总恨不得多哼一声，多跺一脚。当时历史课正讲到黑暗的中世纪，宗教是比任何强权政治来得更强大、更牢靠的统治手段，黑压压如乌云蔽日。任何试图接近真相的人都是异端，像《迷雾》里，被隐藏在迷雾中的未知嗜血怪物和困在超市里的人一样。人一绝望就下跪祈祷，而那些决定自救拒绝祈祷的人就是异端。就是因为他们的不忠诚和怀疑招来了厄运，这些人被当作献祭，这是强盗的逻辑。

除了宗教统治者的小心眼和鬼主意，以前我总能带着初生牛犊的气势说，人求天，是因为求不了自己，归根结底是自己懦弱。后来慢慢长大，渐渐感受到成人世界里传说中的身不由己。不管物质世界安不安稳，人心像开拖拉机，没有一刻不颠簸。尤其如今，现世安稳，物质极大丰富，追求外物者众，心放在别处，妥不妥当自己说了不算。人像一个不规则图形，一点一点把自己分剥出去，哪儿哪儿都是缺口，顺着地板扔出去也滚不了多远，更别提一人一宇宙。

所以我也渐渐理解宗教的好处。有时候黑夜中行走的人不一定要看到黎明，更不一定能看到；黑夜中行走本身就体现了一种莫大的勇气，黎明不黎明，是天色的事，能不能走，是自己的事。信仰就是一轮太阳，太阳在心里，时时都是天亮。这样，人便可以但求耕耘，不问收获。

也有些人，在信仰里寻找一种安全感。这时候信仰可以是宗教，或者生前身后名，或者感官享乐，物质满足，他们或就这么出现，或者打着某种旗号出现。这个时候，神挡杀神，佛挡杀佛，苦海无涯，回头无岸。他们的信仰可答疑解惑，小到这个约会该不该赴，这口饭该不该吃，大到哪里来哪里去。

信仰究竟是太阳，还是借口，前者真诚，后者包藏祸心。上秤一称，各占多少，加权平均。

信仰这个词太大了。神秘，各式各样，威力无穷。它以不同形态出现，推动不同的人，在千奇百怪的泥沼里匍匐。它薄得甚至写不满一页 A4 纸，载不起一碗纯净水，却厚重得和瞧不见尽头的时间空间共存，见证后浪拍前浪的兴衰。

而人们言之凿凿、铿锵有力、掷地有声地说它的存在。

这大约还是和中国人没有宗教信仰有关。没有大一统，百家争鸣，百花齐放，所以，在中国，信仰多样性随处可见。

我说不出我有多么庄重的信仰，但我说得出我的敬畏。

对于未知，包括宇宙生物，第四空间，不知道——但不能说不存在。这是自欺欺人掩耳盗铃，逻辑上推敲不通。说实话，我更倾向于它们存在，凭着一股天真的直觉，我就是不相信浩瀚宇宙只生得出我们一种自作聪明的哺乳动物。

对于鬼神，包括圣子圣灵，玉皇大帝，我不知道。我不知道盘古是不是真的开了天，亚当夏娃有没有偷吃苹果，宙斯有了第几房姨太太，我连猜都猜不到，真的不知道。可是我也去潭柘寺、雍和宫，去五台山还过愿，"鬼压床"的时候念地奘菩萨心经，手上戴着保平安的手钏，盘腿打坐，念六字箴言。我知道原来人真的身不由己，默默吐吸想象一人一宇宙的安稳。

脚下的地，街上的砖，墙上的瓦，甚至撒哈拉的沙子，西伯利亚的冷风，身边那棵大杨树，都比我们来得更永垂不朽。多少人站在那条路上，喝着夹着沙子的西北风，手扶长出藓类植被的墙，被相似的问题困扰，恨不能在大杨树上砸一个坑。可等肉体灰飞烟灭，砖还在，瓦还在，沙子没落在隔离带上，北半球的副热带高压依旧往赤道方向吹北风，大杨树还在，问题还在，又在困扰新一代年轻人。

我以为，我做不了曾国藩，对自己的俗人俗念手起刀落，无法留一摞家书千古流芳；也不很想成为一个亿万富翁，家财万贯，翻手云覆手雨；也不想只成为一个创造 GDP 的螺丝钉，忙忙碌碌、永不停息。钱够花就好，偶尔浪漫，偶尔奢侈，有时间读书或者旅游。春有百花秋有月，夏有凉风冬有雪，有本事读到每一种美好。做一个徘徊在两个端点之间的俗人，没有过不去的坎翻不过去的山，努力完成每一个梦想。

我愿心里有个太阳，行走在黑夜里，而黎明在心中。

2.
活得有尊严

2013 级外国语学院／陈怡伊

"信仰"，对我来说并不陌生。有人信仰上帝，有人信仰佛祖，有人信仰中国共产党。但生长在一个毫无宗教、政治氛围的海边小城，这些似乎都与我毫无关系。

上小学的时候，我在周记里写下我的信仰是共产主义，但心里却想着我的信仰是钱，很多的钱。那时候我看见爸爸妈妈因为接送我上学、放学的黄包车费而大吵至出手，看到姑姑为了一件衣服几块钱的提成对着泼辣无理的顾客卑躬屈膝，看到巷口的阿婆因为六合彩输光了钱坐在石凳上发疯痛哭。所以我以为，如果我赚了很多的钱，我和我爱的人就可以安全地生活在这个世界上，可以趾高气扬，可以随心所欲，再不用受别人欺负。

可是某一次在火车上，爸爸因为意外买了硬座车厢的车票，当我穿过嘈杂的人群找到他时，烟味、汗味和人群嘈杂的吵闹声像潮水般从四面涌向我，那一刻我突然发现，一列火车，永远都有头等舱、软卧、硬卧、坐票和站票，也许他们如我的亲人一样，在嘈杂的硬座车厢里守护着自己和爱人卑微的小幸福。

那个接送我的黄包车大爷，他不是故意收我爸妈那么多钱，因为他满身大汗地蹬着黄包车，只是为了给家人一个更好的生活；那个对姑姑泼辣无理的顾客，她不是无理取闹，只是女儿喜欢那件美丽的时装，却是她大半个月的工资，而店主轻视的态度又让她感到了不安；坑了巷口阿婆的六合彩贩子，也不过是大庄家底下一个讨生活的小角色。

钱有什么用呢？如果大部分人都不幸福，我们又怎么能保证自己的幸福？再有钱，也可能吃到不幸福的小贩做出的不安全的食品，可能被不幸福的服务员甩脸色，甚至无缘无故被走投无路的不幸福的人夺去生命。

所以我的信仰，它没有那么大，不是少年强则中国强，它只是一种简单的行动准则：在让自己活得有尊严的同时，尽量能让身边的所有人活得有尊严。

也许从金钱突然跳到尊严有些突兀，可是，金钱是为了幸福，而幸福的前提是尊严。

不幸福不是因为在拥挤的三等舱里忍受汗酸味和颠簸，而是因为当你忍受这一切的时候，别人却在头等舱里理所当然地享受着柔软的床铺和宽敞的空间，不是因为穷和地位低下，而是因为当你穷和地位低下时别人对你施以的压迫和冷眼。如果这是一个会对穷人施以冷眼的社会，没有人会是安全的，因为当压迫和冷眼成为习惯时，没有人可以保证自己一直在金字塔的最上层，没有人可以保证自己永远置身事外。

幸福不幸福的根源永远在人与人的相处中产生。

我才刚刚成年，可是当我背诵着北岛的"纵使你脚下有一千名挑战者，那就把我算作第一千零一名"时，却已经想着安逸的工作，平凡的生活，想着房贷、假期和车牌摇号。

从前我告诉身边的所有人，我要做记者，去做专题，去挖报道，去感受别人的平凡的人生，去让更多的人看到角落里的阴暗，去让每一个人都活得有尊严。

可是当我填下高考志愿时，耳边回响的却是"记者就业难，工资低，生活苦，来回奔波，昧着良心虚假报道"……也许我的信仰还在，只是被别的考虑压到了角落。

晚上九点十分的五道口，小巷里有人脚步匆匆，也许加班刚结束正赶晚班地铁；有人面容悠闲，也许吃完夜宵正好散步；小情侣挽着手暂时不用想未来孩子的学费，老大爷眼神空洞不知道是发呆还是若有所思。

我不是国家领导人，更不是上帝或佛祖，万千大众的生活不需要也轮不到我来操心。我一生中能做的，也只是在自己的位置上做到最好。

我只是希望，生活中还能有什么东西，让我觉得自己不那么卑微，能让我觉得自己在这个世界上不是毫无用处的。

在让自己活得有尊严的同时，尽量能让身边的所有人活得有尊严。

当这句话在我心里定格的时候，我知道，我还是我，即使没有坚持最初的梦想，我也会在卑微而琐碎的生活里，有着哪怕一点执着的底线。

起码，我不会让这世上再多一个践踏别人尊严的人，哪怕那只是无关痛痒的好意。

也许那就是信仰存在的意义。

3.
用心感知幸福

2011 级马克思主义学院／刘菲桐

信仰，对于一个人来说是值得用一生来考虑的重要课题。一个人活在这个世界上，最重要的，莫过于清醒地知道自己要的是什么，什么对于自己来说是最宝贵的最值得追求的。为之奋斗，哪怕头破血流。这样的一生，至少对自己来说，是无悔的，真正成功的。

有很多人，在世俗的眼光中，随着人流拥挤而匆忙地走过一生，被贴上各种各样的标签。也许很多人都是这样，至少我看到的很多人都是这样，他们很奇怪，忙着学习，背英语，考研，考托福，找工作，找兼职，也许他们也不知道，他们现在寻找的东西到底是不是自己想要的。

曾听过一个所谓成功者关于求职的讲座，他在上面振振有词，步步推理演说。在一开始他就说道："我们来到这个世界是追求幸福的，然而幸福要怎么得到呢？当你走到超市里，很多东西你想买而买不起，这个时候，你能说你是幸福的吗？"于是，他列出了一系列的数字，一份幸福生活的经济成本：一套房子、一辆车、衣食、教育、养老……最后，我们看到了一笔惊人的数字。

难道，我们的幸福生活就是这个数字堆积出来的吗？

梭罗在《瓦尔登湖》中提出过这样的观点：当我们把欲望降低的时候，实现便是那么的容易。其实每个人需要的，都不是太多，只是人们把那么多奢侈品都变成了必需品，使周围的一切东西都在升值，而我们的人生却在贬值。我们急切地装点着别人眼中的我们自己：有钱、有车、有房、有好配偶，也许我们习惯了在其他人的眼光中生活，却丢掉了那个真实的自己。

蒙田写道："灵魂如果没有确定的目标，它就会丧失自己，因为俗语说得好，无所不在等于无所在。"一个不知道自己要什么的人，便什么也得不到，岁月留给他的便是悲哀。

高中的时候曾经在杂志上读过一篇文章，那是一个真实的故事。一个奥运冠军埋头苦练数年终于夺冠后的心路历程。兴奋地庆祝过后，他自己走进房间，却觉得心里越来越空，越来越后悔，原来自己努力了这么多年，放弃了这么多、牺牲了这么多，只是换来了今日的荣誉。"我的牺牲、我的放弃，到底为了什么？"那种痛苦，那种彷徨，没有经历的人如何体会？那是因为，这么多年，他一直没有找到真正的自己，在不断的追逐中，和最初的自己渐行渐远。然而他又是幸福的也是幸运的，多年的苦练终究换来了这一刻的顿悟。

我从中受到莫大的震撼，开始审视周围灌输给我的观念，开始审视我现在的生活：是我"应该"过的生活，还是我选择的、我想要过的生活？徐悲鸿曾说过："我就要一意孤行。"其实真正宝贵的东西是看不见的。这是我最认同的一句话，也是《小王子》中最经典的一句。值得我们毕生追求的是一种看不见、别人也抢不去的财富，如思想、美德、知识。真正重要的不是你拥有什么，而是你是什么。人生最有价值的事情莫过于雕刻灵魂。

这就是我目前的信仰，无关宗教，无关哲学。认命并且认真地走下去，随着自己的心走下去。只有自己的心知道，自己的幸福在何处。

4.
做一个平凡的人

2013 级外国语学院 / 何珊珊

信仰常常听人说起，但要认真谈及，我便十分困惑。带着种种疑问，我打开网页，其中有这样一段解释："信仰是心灵的产物，不是宗教或政党的产物。宗教或政党只起了催化剂的作用，没有宗教和政党，人同样可以拥有信仰。信仰是个人的意识行为，信仰的内容五花八门，千奇百怪。天人合一信仰、上帝信仰、神佛信仰、科学信仰，对权利、地位、金钱、声誉、美色等的痴迷和崇拜是信仰，'及时行乐'、'做一天和尚敲一天钟'、'得过且过'等也是信仰。"

我仿佛有了一点体会，但我的信仰又是什么？回顾已经走过的快 18 年的岁月，我对自己似乎没有清楚的定位。我总是无目的地跟着大流走，每当有人询问的时候，我总是以高考就是我的目标来搪塞。当已经行走在大学校园里的时候，脚步缓慢的我总是迷惑地看着周围或匆忙路过的身影，或端坐看书的读者。那感觉就像我不知道自己从哪里来，也不知道自己将去往何处。

"因为信仰，向死而生。"电影《风声》里有这样一句话。或许那个年代的人的确比我们更懂得信仰的内涵，更懂得如何去坚持。生活在今天这样一个物资富足、和平幸福的年代，我们经常在灯红酒绿、车水马龙中迷失自己。因为有太多的选择，属于自己的人生就这样被他人的安排填满。我就是这样一个典型。

于是，我开始探寻、摸索。或许晚了一点，但我还年轻。"安能摧眉折腰事权贵，使我不得开心颜"，李白有他逍遥自在的信仰；"采菊东篱下，悠然见南山"，陶潜有他怡然自得的信仰；"数风流人物，还看今朝"，毛泽东有他江山完璧的信仰……而我，我的信仰是什么？

我只能从流逝的时光里寻找答案。

我不是每天起床最早的人，我不是上课举手最积极的人，我不是在别人需要帮忙时跑得最快的人。但，我是会准时到达的人，我是在尴尬时刻会站出来的人，我是在无人理会的场景下依旧伸手的人。我一直努力地、默默地做一个平凡的人。这个世界需要接受欢呼的人，也需要坐在路边鼓掌的人。

原来，我不是没有信仰，它一直存在，存在于我的生活态度之中，只是我否认了它，因为它不同于我认知领域里的信仰的概念。它不伟大，不卓越，不特别，甚至对有的人来说难以启齿。在少年时期，家长的教育都是如何让孩子成为最优秀的学生，让自己的孩子如何成为别人最羡慕的孩子。以至于当我发现我宁可选择沉默、低调的时候，我还一度愧疚，以为是懒惰所致。

同时，做一个平凡的人，这个平凡也区别于平庸。每一个人都是一个特别的存在，世界上没有两片完全相同的叶子，如何将自我活到最精彩，最独一无二？那也是我努力想要达到的状态。

我那朴实无华而又不可或缺的信仰，是它一直指引我走到今天这一步，也是到今天我才真正意识到它的存在，真正给它一个明确的概念。或许每一个人心底都有这样一句时刻激励着自己的话语，而我的，将让我铭记终生的就是：做一个平凡的人！

5.
做最好的自己

2013 级外国语学院／洪怡然

孩提时代，不知道信仰是什么。稍大一点，知道了国外许多人主要信奉伊斯兰教、基督教、天主教，而我国一少部分人信奉佛教和道教，也有一部分人信奉伊斯兰教、基督教和天主教，所以就把信仰与宗教混为一谈。再大一些，我认识到了信仰并不等同于宗教，它是我们灵魂深处的指路明灯，让我们的理想更能接近现实，每一步都走得踏实而奋进。如果说理想是一轮明月，让我们看到前进的方向，那么信仰就是我们前进的路，只要我们走在这条路上心中就是快乐的。现在我终于理解信仰是一个人对世界观、人生观、价值观的选择和持有。有了信仰，我们才能不断完善自我；有了信仰，我们才能增强自身幸福感；有了信仰，我们才能实现存在的意义和价值。

我的信仰是做最好的自己。它听起来没有那么伟大，说出来也没有那么冠冕堂皇，但是它是我做人的原则，也是我处事的态度。这个世界从来都是公平的，每个人都是空空而来，只是世人总是找些理由和借口来允许自己的平庸。平凡可贵，平庸不可耻，因为我们都不是圣人，俗世红尘，没有谁比谁来得尊贵，即使活得再平凡的人心中都会有一种精神上的信仰，一种生命中的坚持，这就是人们行动做事的原则。

世界上没有两片一模一样的树叶；世界上没有两个完完全全相

同的人。我们的生命也是没有重复的，世界上只有一个自己，我们何不去做最好的自己而非要在乎别人的看法呢？在学校生活中，有很多人会只顾竞争，一味羡慕学习好的人，总想成为像那些人一样优秀的人，但谁又真正努力想过：人的一生应当怎样度过？

当今时代机遇与挑战并存，人人都渴望成功，于是就有了人们对成功之路的不断探索。过去不等于未来，过去成功了，并不代表未来还会成功；过去失败了，也不代表未来还会失败。因为过去的成功或失败只能代表过去，未来是由现在决定的，现在你做什么、选择什么，就决定了你未来是什么。因此，成功学研究者说过"这个世界上不会有永远成功的人，也没有永远失败的人"。

永远做最好的自己，实现自己的价值，这既是我的目标，也是我的信仰。我做任何事情都要求尽可能的完美，既然选择了，就不会放弃，努力去做。要想比别人得到的更多，首先要比别人付出的更多，这就需要严格要求自己，心态平和，坚持不懈。

因此，有了信仰就要坚守信仰，只有坚守心中信仰的人，才更能接近于成功。漫步在岁月的河流中，我们要的不是随波逐流的心态和思想，只有让信仰萦绕心中，才能渐行渐远，收获一抹阳光。

6.
行有不得，反求诸己

2013 级外国语学院 / 姚星宇

信仰究竟是什么？信，是相信；仰，是敬畏。信仰的建立并不是一个突然的过程，而应当是在人经历生活洗礼并对自身有足够了解后，提炼升华内心的结果。大部分信仰的建立都是一个长期并且在不断修正的过程。因此，两个人之间的信仰可能相似，但绝无可能相同。不同的人内心对信仰有不同的理解，由此构建出不一样的信仰。

信仰的重要性在于它是我们行为准则的最高大纲。在人生这条漫长的路上，纷繁的抉择让人极易迷失自我。而信仰就像是一直悬挂在我们头顶的一颗星星，指引着前进的方向。小时候懵懵懂懂的我，在逐渐成长过程中，不断接受父母老师的教诲，聆听书中作者表达的思想，努力形成自我的观念，也一直试图寻找那个可以让自己笃行终身的准则，直到学校一次考试的作文题映入我的眼帘：行有不得，反求诸己。那时的我正处在初中三年的低谷时期，愈来愈近的中考，状态的低迷、巨大的压力让我变成了一个火药桶，成天不停地抱怨，身边一切在我看来都是那样的不如意。尽管当时已经觉察到自身的不妥，但苦于找不到挣脱这种情形的办法，就感觉仿佛离光明只隔了一层膜，直到这句话如一根尖刺，穿透挡在我面前的迷茫，让我恍然大悟。不如意的根源其实都应在我自己身上寻找答案。我开始以这句话为准则去面对生活，因为我觉得，这样做也许会逐渐塑造一个全新的自我。就这样，信仰的种子开始生根。

转眼进入高中，我对"行有不得，反求诸己"的理解不断在加深，并随着生活中的不断应用，这种精神在融入并改变我原先的观念。世界是由千千万万人组成的世界，我只是其中的一分子，所以不可能所有的事情都能顺着我的心意去实现，我一定会遇到各种烦恼。付出也许会有回报，但也会有竹篮打水的结局。这时候我要做的绝不是将原因归结于外在环境或是他人身上，而应该首先学会冷静，将自己因失败而产生的浮躁沮丧的心沉淀下来，仔细反思整件事的全部过程，将其一点点拆散成一个个细节，再重新组装还原真实。正如有一句古话叫"仁者如射，射者正己而后发。发而不中，不怨胜己者，反求诸己而已矣"。意思是仁者的行为类似于射箭，射箭前要先端正自己的姿态，若射不中，也不能怨恨胜出自己的人，而应反思自我。信仰的种子开始发芽了。

高二的时候，我面临着学业水平测试（历史、政治、生物、地理）的考验。由于高一时历史是我的强项，所以当老师要求我们应该对四册书的概念进行系统性梳理时我一直不以为然，也没有进行大量习题训练。我觉得凭我的水平并不需要这些烦琐的准备。尽管接下来几次考试成绩依旧很高，但在第一次模拟考的时候却栽了大跟头，我第一次发现我对很多题目竟然有了陌生感。这是怎么了？我开始拷问自己。我又习惯性地想到了"行有不得，反求诸己"这句话。行有不得，不得……突然我意识到了，行有不得，固然要反求诸己，但假如有得呢？的确，我在一直以来的历史考试中保持优秀，这种表象逐渐削减了我对自身认知的敏锐度。我历史学科底子厚并不能顶替后来的学习，一时的优势下如果不能清晰地意识到潜在的危机，那么，总有一天现实一定会给我一个公平而难忘的教训。

"行有不得，反求诸己"在我的理解中开始褪去了表面含义，更深层次的含义开始被我挖掘出来。表面上看它只是对"不得"提出了一个底线的要求，但隐藏在其后的更是对"有得"的要求。即便春风得意，取得暂时性的成果，也要保持警醒，不能陷入以自我为中心的世界。假如等到现实泼冷水的时候，那就悔之晚矣。任何事物的发生一定有其合理性，失败有失败的原因，成功也一定有成功的理由！即便事情已有圆满的结局，我认为我也必须认真分析出自己为何可以成功，在哪些方面做得比较圆满，这样以后发生类似情况时，我就可以继续保持那些增加成功筹码的因素。当然，也有一些潜在的错误会被一时的光鲜所掩盖，如果它们不能被及时发现并解决，就会一点点累积，直到那压倒骆驼的最后一根稻草。所以理性地认清自身，保持警醒与敏感，反省自身就显得极为重要。在经历了对自己整个历史科目学习过程的回顾反思后，我对"行有不得，反求诸己"又有了深层次的理解，更对其增添了一种敬畏感，信仰已成为满是绿叶的大树。

现在，我已经成为一名大学生。最初的确有种迷茫的感觉，新奇的事物令我眼花缭乱。总觉得每天很忙，可又没做什么有意义的事。随着生活规划的建立与良好学习习惯的逐步养成，我的生活开始步入正轨。我意识到，反求诸己同样也发生在每一天，每一刻。行有不得只是一个引子，最终我该做到的是使反省成为一种习惯。"行有不得，反求诸己"，我相信对它的解读我会一直延续下去……

7.
我信故我在

2013 级外国语学院／陈筱

大千世界，纷纭万物，人海茫茫。形形色色的人们奔波在各自的道路上，或穿插于大街小巷和十字路口，或重复着三点一线的简单枯燥，也许疲累，也许厌倦，但脚步不会停止，社会仍在运转。因为人人都有执着坚守的生命意义——信仰。执念相信，无上仰止，也许就是信仰的表意。它会因你我他的不同而变化万千，但毋庸置疑，一个真正活着的人，必是有信仰的人。因为信仰，所以我们存在，信仰铸就了生存的信念与坚持。

《法苑珠林》卷九四中说，"生无信仰心，恒被他笑具。"人生在世，大到生老病死、婚丧聚散，小到吃穿住行、悲欢离合，一言一行，一颦一笑，虽说不是人人都能达到"随心所欲，不逾矩"的境界，不是人人都有天人合一、物我混同的超脱，但我们至少是自主决断，自主行动。也许错综复杂的社会网束缚了你，也许客观条件限制了你，让你不能按照心意做事，但在你心中是有一杆秤，是有一台天平的，称出一切表象背后的真实，品评你的作为是否问心无愧，你的生活是否称心如意。如此，只要心中有数，哪怕现实所限，哪怕暂时无力改变，也会坦然并坚强地迈动步伐，走向心中怀想的也注定会到达的地方。这就是信仰的指引。

诚然，信仰确有不同的外化。有些信仰是庄严肃穆而神圣的。千百年来，宗教凝结了千千万万人的信仰，其实倒不如说是千千万万人的信仰汇成并壮大了宗教。信徒们向心中的圣灵传达虔诚与忠信，几经世事打磨，岁月积淀，让鸿蒙中的思想萌动铺成浩瀚无际的思维海洋。我们都听闻穆斯林的严谨参拜，基督教徒的例行礼拜，佛教徒的诵经参悟……但我们也许并不能理解通往布达拉宫的蜿蜒道路上一步一拜的朝圣者，不能理解唱着赞美诗流着泪的虔诚者，不能理解听晨钟暮鼓整日静坐参禅的通透者。在泪光里目光中，在歌声里吟诵声中，流露出至真至诚的崇敬与钟爱，散发出无声无形的力量。

我们不能排除王亲贵族们利用宗教集权敛财，有些信徒终成愚忠而无法自拔，但凡事都有两面，客观来说，我们也不能否认，在人类跋涉的漫漫征途中，这些对宗教的信仰一次次地点亮信徒们的心灯，照亮他们前方的路。

那么，对于不信教的人来说，是不是就没有信仰？当然不是的。由于中国大多数人不信教，所以坊间早有一种批评：中国人没有信仰。这很荒唐。不是只有皈依宗教才是有信仰，不同国家，不同民族，不同个体，都有不同的背景环境与个性特点，所以会有不同的选择。若无信仰，那么中华民族不会繁衍生息五千余年，不会在衰落受欺时奋起反抗，不会从一蹶不振到世界强国，也不会如此坚定地走在实现中华民族伟大复兴的道路上。没有毫无理由的坚定，没有单纯蛮干的努力，没有不计后果的付出，真正能在低处站起并最终崛起的国家、民族，必然是有坚定的信仰的。

若要追根寻底，探索中国人的信仰究竟是什么。有人说是中华民族传统美德，因为它是民族精神的支柱；有人说是儒学，因为儒教已经渗进了中国人的血脉……其实这些都有，但都不能全面涵盖中国人的信仰。应该把这一切的一切都汇聚起来。这并不是简单相加，而是有机的融汇。我们有五十六个民族，我们有五千年的绵延，有唯一未被中断的古老文化，我们有十三亿多的人口……一切的一切，铸就了中国人多元化的信仰。很多时候统一是好事，但是时间空间的跨度，历史现实的交汇，注定了多元才是兴旺复兴、生生不息的关键。

对于不同的个体，你可以得到若干个对于"你的信仰是什么"的回答。但请相信，不是每一个人都能清楚明晰地说出自己真正的信仰，也许你已经明了，也许你正在探寻。但我们要相信，中华儿女心中，都燃着信仰之火，光焰不熄。

因为拥有信仰，所以拥有有价值的生活。我们的信仰，就是我们自己。人，不一定能通天地之意；但人，一定能明自我之心。

心学中说，人是天地之灵明，那么信仰就是人的灵魂。我信故我在，心灯点亮未来。

8.
自强不息

2011 级劳动人事学院 / 李亚男

信仰，是指对某人或某种主张、主义、宗教的极度相信和尊敬，拿来作为自己行动的榜样，英文叫 belief。说到信仰，不同的人当然会有不同的理解，基督教徒们会理所当然地想到上帝，想到基督，想到一切与神相关的东西；而佛教徒们则会虔诚地叩拜菩提下坐化的释迦牟尼。这是文化差异与社会、时代不同的必然，生活环境的不同造就了不同的人，也造就了不同的思想，但信仰二字与文化并不冲突，它还有可能凭借着共同的归属感，将不同的人联系到一起。

在人们的精神生命中，信仰担当的是主导者的角色，它有很多层次。信仰是信念最集中、最高的表现形式，而理想与信念也是相存相依的。就理想而言，我希望能努力下去，一步一步地过好大学的四年，不荒废青春，同时在各种活动中磨炼自己，让心灵成长起来，看更多的书，了解更多的事，多向别人学习，开阔眼界，拓宽胸襟，为以后的发展打下基础。就信仰来说，尽管它似乎没有清晰地出现过，但总是在冥冥中摆正了我的脚步，适时出现，让我看清什么该做，什么不该做，该怎么做。我的信仰就是：勤勤恳恳地耕耘，不离不弃地坚持，只要付出，总会有所收获；而谦虚的接纳，广博的学习，亦能使人受益匪浅。我一直苦于找不到正确的词语来形容它们，而如今发现"自强不息"、"厚德载物"这两个词，恰好是对心中信仰完美的概括。它们真正表达出了我一直坚信的、做好每一件事必须坚持的原则。世上没有白吃的午餐，想要有所获得，就必须付出代价，努力、挣扎、痛苦是实现抱负必经的途径。

然而，信仰也并不是凭空产生的。我们会发现，在克服困难一步步向前走的过程中，一句话、一个念头在我们的脑海中越来越清晰，从偶尔的出现到每当我们犹豫不决的时候就会想起它，这时你的信仰就慢慢成形了。"实践是检验真理的唯一标准"，我认为信仰也同样如此。刚开始我对此也并没有清晰的认识，但当我慢慢回想至今走过的路，我发现我的信仰就是在每一次面对困难，面对挑战时慢慢明晰起来的。然后它在我还未觉察之时渐渐与我融为一体，以至于每当艰难的时刻我就会想起它。这需要我们反思自己的过去，对它进行总结和归纳。

同时，人之所以痛苦，在于追求错误的东西。财富的堆积、权力的膨胀、名声的显赫并不能给我们带来内心的满足。外在的追求并不能从根本上解决内心的空虚，只有心灵的满足才能带来内心的平和。信仰就是这样，当你真正确定了它时，你就不再迷茫和害怕了，你有了底气，有了冲劲，知道该往哪走了。某些欲望、某些诱惑是需要一种超乎理性的力量来克服的，信仰就是一个。至少对于我来说，我凭借着它抵挡了很多外界的诱惑。

有时，我们会发现，在面对现实时，我们是如此的渺小，许多我们想做的事，会受到这样那样的制约，或许是因为环境，或许是因为人生来就带有的弱点——对未知的恐惧、由动物本能决定的自私、容易滋生的懒惰……生活从不会给你一路绿灯，特别是在实现理想的道路上。这就更需要我们有自强不息的精神，不断地拼搏奋斗。

真正的信仰绝不是我们年幼时，人人挂在嘴边的"我要当科学家，造福人类"或者"我要当宇航员"，它的建立往往是由于我们的心灵因为感动而震撼，由于某些特定的事引发，至少我的经验是如此。而能震彻灵魂的东西往往是灾难，汶川地震、抗洪救灾……我就是在这些灾难中看到了社会的爱的力量，它让我看到了一个和谐、进步的中国，而在社会底层的贫困群体则激起了我想要改变现状的冲动，我期盼着能用自己的力量，让那些看着都让人感到心酸的人们能过得好一点，哪怕只是好了一点点，也能让人振奋。当你的眼里容纳下越来越多的人和事时，你站的位置就高了，你的内心就拓宽了。

我的信仰，对于整个民族、整个世界、整个历史的长河来说，渺小得如同沧海一粟，微不足道，但它对于我来说却是珍贵的，是要用无尽的努力去坚持的。它代表的是我作为一个独特的个体，在我独一无二的生命中的精神自白。说得更高一些，它甚至可以算是我在这个世界上存在过的证明。因为有无数的事实证明，一个人的肉体消亡了，但他的精神是可以血肉滋长，生生不息的。

世界上的任何事物都遵循一个真理——只有变是不变的，而对于我来说，有了信仰，会更清楚自己想要的是什么，坚定自己的立场，也知道要怎么样才能得到它，而正是因为我知道我想要什么，我坚定不移地朝着它指引的方向走，我有奋斗的动力，有明确的目标。同时，我希望能提升自己的品德，让胸怀变得更为宽广，也让自己活得轻松一些。

"天行健，君子以自强不息；地势坤，君子以厚德载物。"不断奋斗、拼搏，提升品德、接纳别人。

我的信仰，我能读懂。

9.
平凡而奋力地活着

2011 级财政金融学院 / 王天长

信仰就是贯穿在人的世界观之中的一种意识规范。我尊重宗教和信教的人，教堂里虔诚地向上帝祷告反省自己罪孽的基督教徒、成年累月不计成本叩长头去朝拜的佛教信徒，身上仿佛都有一种无法名状的力量让我震撼。我没有宗教信仰，这可能和生长的环境有关，但我同样有足以让我活得坚实无畏的信仰。

我信仰科学的力量。宇宙深处的奥秘，地球内部的神奇，物质构成的本质，科学本身具有无穷魅力。更为重要的是，科学在我看来是我们正确认识世界的一把钥匙，人们生活在世界上不同的地方，有着不同的价值观和世界观，唯有科学的力量才是相通的。因为科学的理论是建立在认真的观察、严密的逻辑和反复的实验上的，因此我们可以很轻易地看到那些反驳者和所谓"伪科学"的无力。现在科研领域不乏一些浮躁和虚伪，但是我相信那些抱有崇高信仰、想要探索世界运行真谛的科学家依然存在，我尊重他们的劳动，因为我相信他们的工作是能带给全世界福祉和正确视角的、有重大意义的工作。

我信仰生命。生命是一个人拥有的最好的礼物，我在网上看到过一个关于"中国人有没有信仰"的讨论，有人说中国人现在越来越没有信仰，没有底线；有人说钱是现在普罗大众的信仰；有人说其实国人信仰的实际上只是"活着"。"活着"的确是苍白的字眼，但是我觉得它确实是一种强大的力量。无论是杰克·伦敦《热爱生命》中主人公对生命的坚持，余华《活着》中人们卑微却又倔强的生存，还是真实生活中在一切危难、一切卑微、一切痛苦中一直挣扎却笃定地活着的人们，都让我不能不相信生命的韧度，认识生命的价值。我活着，是为身边关心我的人负责，是对自己负责，是对曾经被赐予这份存在于世的机会负责。追问意义可能无果，但这可能是一份不需要追问意义的信仰吧！

我信仰宽容的力量。我们有时一时还看不清，但自以为有了答案。每当这种时候，我觉得需要强制地把这个已得的答案有意识地弱化，尝试去理解，实在不理解也尽力学会去包容。如果不能学会宽容，都带着自以为是的骄傲去活着，科学进步无从谈起、新的想法无从立足，我们都会像守旧老人一样生存在一个没有未来的死气沉沉的村庄里。宽容适用于人对事，也适用于人与人。如果人们之间能互相宽容，学会即使不理解、不同意也懂得和平共处，那么战争很难发生，也不会剥夺无辜的生命；弱势群体不必在冰凉的目光和凄惨的境遇中活着；许多矛盾纷争会有令人更心安的结局。我信仰宽容可能和我性格中一些胆怯的成分有关，但是归根结底有谁活得毫无畏惧？信仰宽容的力量，实际上也是信仰我们和谐共存是有意义的，信仰先锋和进步是有意义的。

信仰是中立时刻的一次精神觉醒。无信仰生存被认为是可怕的，或许以上所列三条不能并列、没什么联系，但是它们的确是我现在所持信念里的一些重要的东西，因此我很幸运自己还没有完全成为一个可怕的人。我没有口号，我只愿双脚紧贴大地，兄弟微笑拥抱，平凡而奋力地活着。

10.
生活与信仰同在

2013 级外国语学院 / 曲丽君

一直以来，我都不信仰任何教派，但这并不妨碍我对佛家思想的喜爱。而这佛家思想，大多是从林清玄的文字中了解到的。所以，与其说喜爱佛学，不如说信仰的是经过阐释之后的一种彻悟的思想，是那种淡然简单的人生观。

总是觉得自己骨子里是有一些佛教味道的，哪怕只有一点点。也一直向往并仰慕着佛家中人洒脱淡泊万事置之度外的生活态度。当然，我想我是没办法做到真正的无欲无求的，总是要积极进取，为学业为前程而不断追求的。我也达不到林清玄清醒看待一切的境界，至少现在是这样的。但这种安然与淡泊，无论在什么时候，也总是有它存在的价值的。

喜欢作家林清玄，因为他的文章里，总是能或多或少地投射出佛学的影子。我常常想，是不是正因为他看透了世间纷扰，所以才能于笔尖绽放出那些看似简朴却能震撼人心的文字。他的生活一定是透彻明白的，所以他的文字才能让人看清楚一些曾经执迷的事物。

他说，所有的比较都是一种执着。也说，外来的比较是我们心灵动荡不能自在的来源。不记得是在什么时候读到这两句话的，只知道现在看到这句话仍然颇受震动。生活里怎会没有比较，无论是孩童时代的玩具布娃娃，还是长大以后的学习成绩，甚至是前段时间流传甚广的拼爹拼岳母，无一不是生活中要面临的形形色色的外来比较。而在这些比较之中，总会有人沾沾自喜，有人黯然神伤。我没办法肯定是不是所有人都难逃比较，我只知道我是这无谓比较中的一员。也常常因为各种比较而内心窃喜或者失落难过，产生些所谓的不平衡情绪。一度很挣扎于这种感觉之中，把内心因一点风吹草动而引发的情绪暗涌归咎于自己的敏感和神经质。但当看到"所有的比较都是一种执着"时，内心有了些许感触，对之前一直纠结的也看得明白了些。那些牵动心绪的无谓的比较，是一种执着，也是一种执迷不悟。但现在的我，没有办法脱离比较生活，毕竟在这执着中，也还是能找到些前进动力的。这两句话于我，是在心里出现负面情绪时，对自己的一种训诫和提醒，是把自己从牛角尖中拉出来的一叶菩提。

也经常因为怕别人对自己有意见而心情忐忑，记得自己在某年某天在本子上写下的希望成为一个无害的人的愿望。这么多年，明明知道，没有人会让所有人喜欢，却经常会担心会不会有人不喜欢我，他们谈论的是不是我。常常在这种相对立的观点之中徘徊与疑惑。直到看到林清玄的文章，他说，在我们不可把捉的尘世的命运中，我们不要管无情地背叛，我们不要管苦痛的创痕，只要维持一瓣香，在长夜的孤灯下，可以从陋室里的胸中散发出来，也就够了。我没办法说这句话让我彻底地改变了，但至少我已懂得让人群从远处走来或自身边擦过吧，做好自己比那些没有意义的杞人忧天来得更重要。

没有人能束缚我们，除了我们自己。我们总是在生活中为自己画下一个又一个的条条框框，然后让自己在其中寻求挣脱。精神也好，物质也罢，总是难以做到无所欲无所求。庸庸碌碌，汲汲于富贵，为了金钱权力地位名望而四处奔波争斗不知什么时候已经成为一种社会常态。或许有一天我也不可避免地走上这条道路，成为其中的一员，但那并不是我所希望的模样。我会一直期待着有一天，我也会有如莲的心事与如莲的品格，也会一直坚持我所选择的信仰淡然与洒脱。憧憬着未来的一天，当我在社会上摸爬滚打，经历了成长的甜蜜与痛楚之后，在心里看到的，仍然是那个多年前的自己，或者说，是那个向往着安然淡泊生活的自己。

11.
做到力所能及

2011级马克思主义学院 / 周旻

信仰——这是两个沉甸甸的字，横亘在我的心头。

信仰是贯穿在人的世界观中的一种意识，从物质和意识的领域来理解，信仰是一种意识。从真理的概念来理解，信仰就是人们对未来世界正确的意识。从个人的角度来讲，信仰就是自以为是的信念（或真理）。信仰也许是个抽象的概念，但它确实存在于我们的思想和灵魂之中。

信仰是开在墙角的一朵花，虽然不显眼，但弥漫的芳香却沁人心脾；信仰是行驶在海洋上的一挂帆，虽然渺小，却能乘风破浪；信仰是燃烧在黑暗中的一根蜡烛，虽然微弱，却能够驱散夜的阴霾。而要拥有它则需要内心的坚定，需要执着的坚持。

很小的时候就看了周恩来总理的传记，"为中华崛起而读书"，这是周总理少年时期就有的信仰，而这句话也深深地埋在我的心底。

不是空洞的口号，贫瘠的话语，而是真真切切想要做点事情，想为了自己的祖国，为了赋予自己生命、教育、成长的社会做一些事情。

为我们的祖国做些什么，在这个世界上扎扎实实地走过一遍，这就是我的信仰。

爸爸曾经说，你能够做什么呢？

是的，我的力量很小，一个在读大学生，依靠父母抚养，每天宿舍、教室、图书馆、食堂四点一线的生活，能做什么呢？

上个月，为一个可怜的小妹妹献血，我去了，虽然最终因为不合格被刷下来了，但是我这种心意她能够感受到，不是吗？

前几个星期，我去了敬老院，为那里的老人唱歌、打扫卫生，临走，他们拉着我的手说："再来啊！"为他们做点力所能及的事，我可以！

虽然我的力量很小很小，可是微不足道的改变，每个人都给予一点点，是不是就可以改变整个社会呢？

经常在报纸上看到触目惊心的字眼：某某大学发生一起学生自杀事件。鲜活的生命像断翅的蝴蝶跌跌撞撞掉落在地面，父母撕心裂肺的哭喊，师长痛心疾首的感慨，这一切都和他无关了。他纵身一跳，留给世界无限唏嘘，而自己却懦弱地逃跑了。大学生是国家重点培养的对象，有什么事情是无法忍受的，要以这种方式来逃脱呢？查查原因，无非是失恋、学业受挫之类在人生旅途中根本不算什么大障碍的事情。要问的是，为什么他们没有抵抗力？

因为没有信仰。没有信仰的人就像玻璃娃娃，外力稍微一碰就碎。

自 20 世纪 80 年代以来，人们的物质生活富裕了，有的人内心却荒芜了，社会上的信仰缺失造成了一个时代的浮躁。我们需要在人心皈依的地方，来安放自己的生命。所以，我们必须要在自己心中找信仰，信仰爱、信仰善、信仰怜悯，为自己，为他人做一些事情。

12.
平凡的幸福

2013 级外国语学院 / 薛晓

浩瀚的宇宙中，我们像一粒粒尘土，渺小而卑微。而在每个人的内心深处，我们复杂的大脑又把"我"定义为自己世界里的神。我们在潜意识里以为自己无所不能，一定是茫茫人海中创造奇迹的那一个。至少，在最初的狭小自我里是这样。那时，我们傻得可爱，我们无所畏惧，我们雄心勃勃。而终有一日，当我们走出象牙塔，现实无情地向你的理想泼冷水的时候，当曾经的意气风发被时间一点点消磨的时候，当背上的行囊空空如也的时候，你还能有当年的豪情万丈吗？

人常常有这样的追问：我们从何处来，将要往何处去；我们为什么活着，怎样地活着才更有价值……这些都是人类社会中永恒不变的话题，千千万万个人会有千千万万个答案，前仆后继。

我们所生活的世界太过于庞大，到处充斥着各色的欲望与诱惑，让人迷失，让人困惑。因此，我们必须有信仰。

所谓信仰，就是内心深信不疑、始终坚守、不会被轻易改变的东西。信仰是一个神圣的词，似乎给人一种可望而不可即的感觉，而它又是如此贴近我们，渗透到生活的方方面面，贯穿于生命的始终。我们活在信仰中，信仰像阳光、水、空气一样不可或缺。它可以具体到一个人、一件物，也可以抽象到一种思想，一个梦想甚至一场幻想。

很多时候，我们说起信仰，总是赋予它一层奇异的宗教色彩。存在即合理，宗教信仰总有其精深之处，但信仰绝不仅仅限于宗教信仰，除此之外还有诸如各种主义的科学信仰、哲学信仰、政党信仰、国家信仰等等。这些更多的是集体信仰。

而每个平凡人的信仰，真正在精神上支撑他们用心度过每一天的，应该是在一点一滴的生活中积累起来的心得与体会，是从自己的独特的经历中形成的人生观、价值观、世界观。这才是真正意义上的个人信仰，由心而生、息息相关。

我是一个平凡的人，生长在一个平凡的世界，仅凭自己 17 年的浅薄阅历，不敢对信仰高谈阔论，但我也有所体会，或许我的信仰在别人看来不值一提，但却是自己的真实感受。我认为人生在世，最重要的就是要幸福要快乐，只有这样，生活才能更加美好，也才有可能让世界变得更加美好。幸福分为两种：一种是奋斗后的幸福、一种是一瞬间感到的幸福。我们所能控制的，当然是前者，对此我深有体会。

我有一个无忧无虑、幸福快乐的童年，因为没有痛苦，所以不需要支持自己走下去的信念。直到初中，我从一个郊区的小学来到全市最好的中学的时候，才发现自己像一只丑小鸭一般，落在别人后面。在屡屡受到挫折之后，对未来的迷茫恐惧让我开始思考一些之前从未想过的问题，我下定决心要开始奋斗，要付出比别人更多的努力，纵然这个过程一定会非常艰难，但有一种信念和危机感在时刻鞭策着我。于是，我开始了迄今为止最勤奋也最漫长的两三年时间。我感到自己每天都在朝向自己设定的目标前进，我的成绩不断上升，一次也没有退步过，我试图不断超越自己。那时，虽然辛苦，但每天都很充实，特别是每次在奋斗了一学期之后有了进步，那种兴奋喜悦之情溢于言表，我到现在都还能清晰地记得那种感受。那段时光虽然听起来很单调，但却对我具有非常重要的意义。也是从那时起，我开始深信努力就会有收获、奋斗能给人带来幸福。

在平常的日子里，也有短暂的快乐，可却很少感到这样难以忘怀的幸福感和满足感。奋斗是幸福的源泉，也成了我的信仰。

可幸福不仅仅如此。爱，是幸福不可缺少的一部分。有爱，才有幸福。幸福存在于生活的细枝末节中。有时，在一瞬间的思索与灵感之间，就能察觉到它，捕捉到它。我们只需要有一双善于发现美的眼睛，一颗热爱世间万物的心灵。

幸福可以很简单——有希望，有事做，能爱人是我对幸福的定义，也是我所坚守的信仰。我相信，有了它们，流年便能静好，岁月便能长安。

愿自己能一直这么简单下去，愿自己能拥有一颗澄澈、透明而坚韧的心。

13.
以众生为己任

2013 级公共管理学院／王一森

信仰，一个让人感到神秘而又崇高的词语，它是信念的深化与升华，更具规范性与组织性。如今，身边总有人说中国人没有信仰，什么都敢做。那么，我的信仰又在哪里？

纵观我十数年的人生，五岁时我开始识字读书，直到现在读得最多的是历史书，尤其是中国历史。上学期间，我又钟情于语文课堂，尤以古文为最。可以说，我现在读得最多的就是四书五经和二十四史，其次才是国内外的文学著作。深受传统的儒家文化影响，但同时，我又生长在这个社会中。我的信仰是什么？我的信仰便是天下众生。

阳明先生是我极其推崇的一个人。从古代标准来看，他品德高尚，心系苍生；上马治军，下马治民，功勋卓著，历任平叛将军及南方各省总督；著书立说，心学宗师，开一派之先河，是一位集"太上立德，其次立身，其次立言"的贤人。即使在今天，他也是一位杰出的哲学家、政治家、军事家。王守仁（阳明）对我的影响很大。但他所做的一切，并不是为了功名利禄，而是为了天下苍生。不论是平叛还是任官，他都避免祸及百姓，一心为百姓谋福利，创立心学，也是希望将自己的思想精华流传下去，让更多的人学习，让更多的人活得更好。即使在人生的低谷，当他被贬在贵州龙场做驿丞时，家徒四壁，没有驿卒，遍布高山和瘴气，但他不顾条件艰苦和民族冲突，毅然为当地山民建房，开设学堂，教人读书识字，可见他的一生都在为天下众生。

从古至今，如同阳明先生的人又何其多哉！从开私学的孔子，到岳阳楼上感慨不已的范仲淹，再到一心为民、刚正不阿的海瑞，"古仁人之心"从未中断，正如鲁迅先生所言，他们正是中国的脊梁。或许，他们并不出名，或许只有极少数人能留名于正史中，但是中华民族就是在他们的努力下而顽强生存下来，他们在大多数人沉默时能大声疾呼，奋勇向前，而他们为的却是未曾谋面的人。中国古代的知识分子，纵然思维不灵光，总被人说思想僵化，但他们却有着极强的社会责任感，有着一身浩然之气有着打不断的硬骨头！

为什么？正是因为他们以拯救万民为己任。"仁以为己任，不亦重乎？死而后已，不亦远乎？"他们真正以万民的幸福为己任，当千万生灵在肩又岂会不重，又怎能不努力，怎能不战战兢兢，如履薄冰？

我的信仰就是这样。我希望普通人也能生活得更好，不再为温饱发愁，也不再因各种社会问题而担忧。我相信，当我为更多的人考虑时，就会有更为谨慎的行为，当我以天下众生为信仰时，我也会努力在社会中为更多劳苦大众提供我力所能及的帮助。

为天地立心，为生民立命，为往圣继绝学，为万世开太平。王朝霸业，千秋后不过是一抔黄土，英雄也有末路，美人亦会迟暮。宗教不过是万民的枷锁，真正能以天下众生为信仰，才能真正为社会发展而努力。

有些人活着，可他已经死了，有些人死了，可他依然活着。以天下众生为信仰，我不悔。宁可天下人负我，我亦不负天下人！

14.
多元而别样的人生

2011 级法学院 / 周骊宸

时间磨碾过了历史的车辙，21 世纪的帷幕慢慢拉开，迎来了我们这群特别而又普通一代的成长。我们识知宗教，却并不完全认同；我们推崇偶像，却并不完全追捧；我们紧跟时尚，却并不完全沉沦……我们接受一切，却并不愿陷入其中。因为我们的信仰是多元化的交融，也是新时代无信仰的反衬。我们相信自己，相信汗水与勤奋能创造奇迹，相信创意与能力能改变世界，而我却在这股人流中渐行渐远，步入了我的玩偶世界。

我不喜欢言语，从出生的那一刻起，我喜欢静静地观察，静观这世界之变幻，总是好奇地自问，或追寻答案，或自我畅想。就在这一步步的探索中，我认识到了自己的强大和与众不同，我的视角总有那么一些不同，我的思维总有那么几步跳跃，似乎没有逻辑，却又不无联系。

我不得不承认，信仰的本质是相信其正确，甚至宁愿相信其正确，不在于其是否真实。所以，信仰无所谓真假，有信仰本身就是一种价值，因为坚持这种信仰才使自己有所追求、有所寄托。信仰是对人生意义的一种假定。黑格尔说"存在必然合理"，于是，我便渐渐明白自己信仰的合理性，不是偶然，注定是历史的必然。

世界的多元化发展也决定着信仰以枝丫的方式发散开来，我们不需要朝同一个方向盲目奔袭，然后燃烧青春，熬过晚年，最后悲哀地死去。

当大家还沉醉在新世纪带来的福音中时，我们是否注意过自己存在的意义。也许都曾思考过，最终无解，不了了之。但我们不能由此麻木地活着，因为我们特别，我们是这宇宙中为数不多的智慧生物。

从古至今，古圣先贤有过无数的探索。《圣经》中的性恶论认为，人来尘世受磨难，人是群犯罪的、带有肮脏的、劣根的灵魂，这似乎没有根据，但我们也无法否认人的正确性。因为，人带有无法摒弃的自身欲望和本能，人是哭着降临这个世界的，并且大多数是微笑着离开人世的。因为那一刻是幸福的，终于得到解脱与释放了。老人之所以慈祥，是因为他经历了太多，你是否留意过，无论是西方的基督教还是东方的佛教，这些圣人先知们所创之信仰，它们的发源与壮大都是在一个相对闭塞的时空中进行的，而其根本却惊人相似。基督教七宗罪，佛教普度众生，它们共同的追求都在于涤荡人的心灵，却很难改变人所经受的人间烟火的侵蚀，但不能否认可以在精神上实现自我超越。

没有站在高山之巅，你就不会明白在云端的感觉；没有经历过别样的人生，你永远无法理会圣贤与先哲的与众不同。我愿以此生去追寻更高的境遇，哪怕遥远，也愿为之奋斗！

15.
母亲

2013 级外国语学院 / 王若曦

我的信仰大多是"偷"来的。因为我不曾深入了解任何一种宗教，全然谈不上信奉与景仰了，所知所得，无非是从他人那儿听来的只言片语，只能比作信仰这棵葱茏古树上的几片单薄叶子。只是这些叶子脉络纹路都不尽相同，轮廓剪裁、气味浓淡都各有特色，唯一相同的地方是，它们都是美丽而别致的，收集起来，也大有一番兴味。我只选取其中的一片来叙述，也是仅有的属于自己而不是从他人那摘来的叶子。

在《少年派的奇幻漂流》中，童年时期的派，信奉了很多个宗教。而在他遭受海难时，派的信仰发生了动摇，成年后的派，又形成了坚定虔诚的信仰。我想信仰大概就是这么一回事，它并不是一成不变的，它在形成中不断改变，甚至迷失，直至重构成最终的模样。如果给我的信仰定位，我认为它就处在形成之中不断改变的那个阶段里。所以我的信仰听起来还稚嫩得很。

我是个无神论者，我并非信仰宗教。因为我学识尚浅，未能深入了解一些思想家，所以我的信仰并非伟人。我的信仰，你一定知道，一定了解，那就是母亲。

人需要信仰，也许是为了寻求心灵的依靠和庇护。新近上映的一部日本动漫，叫《进击的巨人》。它讲述了巨人吞食人类，人类为了保护自己建立起巨大坚厚的墙壁，与外界相隔的故事。在这种情形下，人类之中形成了一个宗教，而教徒的信仰就是墙壁。因此我认为，信仰是起着引导和保护作用的。对此，我认为母亲是最合适不过的。

老实说，我也许会悄悄怀疑上帝的指示（尽管我全然不知这种指示要如何去获得，而且这种指示多半源自于自我暗示），但我从不会怀疑母亲的决定是出于某种偶然（但它可能是错的）。我这样想，确实是因为比起抽象的造物主，母亲是触手可及的。母亲引导我成为一个人，一个能够自己生活，有着基本是非观念、处事方略的人。尽管以母亲为范本，耳濡目染，我的许多方面都与之相似相近，毫无独特自主可言，这却是目前我坚定而认真的信仰所能达到的境界。

如果我在经受着一场磨难，最紧急的问题莫过于：我该怎么办？问上帝，得到的隐僻暗示一定令我不知所措；问母亲，当然不是去问母亲本人：要怎么做才好？而是问自己，母亲是怎么做的呢？故此，我的信仰，便是母亲了。

16.
不忘家乡

2011 级马克思主义学院 / 米庆松

　　小时候，是那么的天真烂漫，生活在无忧无虑、满眼新奇的环境里，一切都那么的朦胧。太阳、星星，小狗、小草，一切都那么的可亲。现在终于成为一名大学生，成年了，虽还未成熟，但心里至少有了一点追求，我把我这一小点追求提炼为我的信仰。

　　成年了，上了大学，怀着父母的希冀来到北京；怀着心中的梦想来到人大；揣着家乡的美好回忆来到首都。在我们的升学过程中，父母无疑是付出最多、坚守最长、照顾最全的后盾了。我们披星戴月地奋斗了无数个日日夜夜；他们含辛茹苦在另一条战线上守望了一个又一个春夏秋冬。我们胜利了，他们悬着的心终于落地了；我们失败了，他们也会笑着和我们一起面对失败。我的父亲，一个勤劳朴实的工人，为了我，他艰辛劳作，日日夜夜，毫无怨言；我的母亲，一个地地道道的家庭妇女，春夏秋冬，不论刮风下雨，起早摸黑，料理着我的饮食起居。为了我，她操持起烦琐的家务。双亲的辛劳，我必须报答。于此，我的信仰，即尽快自立，更早地担当作为孩子的责任，尽我最大的努力让父母的心暖暖的。

　　苦读十年，怀着激情，怀着梦想，来到大学。一年前，迎着朝阳宣誓的时候，怀着满满的期待，天真地以为上了大学，自己的人生就成功了一大半。一年后，怀着美好的憧憬踏进大学校园。结果发现，这里并不是天堂，只是换了一个模式的"地狱"。自己的梦想远在天边，遥不可及。为了实现梦想，发现自己渐渐变了。在没有老师的严格督查时，自己就逼着自己奔波于图书馆、自习室，累了，想想梦想，继续奋斗；困了，揉揉双眼，重返书本。在如此宽松的校园里，五彩缤纷的环境中，真的很难想象自己竟然能如此淡然，但自己真的做到了。因为我的信仰是努力奋斗，为自己梦想的实现，准备条件。或许我的梦想能在下一刻前进一大步。因为机会总是垂青有准备的人。高考时，发现自己不仅在拼搏，更像在与命运抗争；现在，感觉形势一点儿也没变，自己仿佛仍旧命悬一线。唯有继续奋斗。奋斗了，或许我不一定能成功，但若不奋斗，将永远不可能成功。

我的家乡是一个西南边远的民族小城，远离东部，深处内陆，远离平原，位于群山之中。18 岁以前，我从未离开过，家乡的一山一水养育了我，家乡的民俗风情滋养了我，是家乡的培养，我才走了出来。当自己乘车离开时，一座座工厂正拔地而起，群山之中立起了种种钢铁巨兽。高三时，我已不认得老家的路了；再回去时，我还能找到路吗？从那里走出来，并不轻松，肩上担着家乡的期待。重走回去，也很困难，我要做的，是不要忘了家乡的培养，努力奋斗，为自己，也为家乡。不让自己变得麻木，不让自己忘记家乡，这便是我的信仰。

只有奋斗才能一如既往，唯有坚守自己的信仰，才能实现自身的价值。不忘父母，不忘梦想，不忘家乡，我永远的信仰。

17.
我爱你，世界

2011 级统计学院 / 柳在唯

在谈及我个人的信仰之前，首先请允许我对信仰下一个属于我自己的定义。什么是信仰？是普度众生的佛，还是惠临万物的主？是被鲜血染红的旗帜，还是那无数人为之奋斗的自由？一花一世界，我想每个人心中都有属于自己的回答。

在我看来，以上都是关于个人信仰的极佳例子，但信仰的含义应该不止这些。信仰，是人生经历在精神世界的投影，是世界观、人生观、价值观的体现，使每个人与众不同，进而有了存在的意义。从某种层面上讲，信仰近乎梦想却凌驾于其上，它比梦想更本真，更绝对，不会因任何的变故而动摇。执着于梦想，人们会逆流而上不懈追求；当坚定于信仰，人们甚至不会感觉到逆流——他们的眼中只有希望。

举一个不很恰当的例子。高三时一直陪伴着我身影的，其实并非什么考入好大学的梦想，而是——珍惜。我想这其实就是一种信仰。所以，我完全不觉得苦与累。纵然披星戴月却有家人的等待，写题时停下笔看得见同桌认真的侧脸，体育课进球后能感受得到身体里热血的奔涌，彼此间即使闹了别扭之后也会有真挚的道歉。每天的生活有着夕阳与晨光、白云与蓝天，虽然偶尔还是会有困扰，但想到在校的同龄人都正如我一般，我就再也没有心情去抱怨了。

正因为如此，对于"当今的中国已经没有了信仰"这种悲哀腔调，我实在是不敢苟同。诚然，宗教是一种信仰，但这绝不意味着无神论的主张就失去了信仰。从本质上看，宗教本不过是统治者束缚人民的工具，纵然它对社会的稳定有再多的好处，也无法掩盖它的本质。我承认，失去了信仰，生命将难以承受，但我仍然认为，当今社会存在的种种问题——浮躁、功利、冷漠、不公、缺少凝聚力，其根本原因在于教育的缺失、经济的落后以及国人骨子里那份算计与多虑。

反而，若不是因为媒体上过多的负面报道，我真的觉得自己正身处一个有信仰有追求的时代。无论自习室里奋发读书的同学，还是为了事业家人拼搏着的长辈们，又或是大街小巷的小市民，每个人都是那样鲜活，有着属于自己的人生信仰；或者壮志凌云济沧海，或者只想每个下午在摇椅上喝着粗茶晒着太阳。或许，这只是未经世事一路幸福成长过来的我一厢情愿的想法，或许确实还有很多人徘徊迷惘误入歧途，但我始终坚信：社会是必然会发展的，人类是必然会进步的，我们这一代人必然会比老一辈优秀，而后来者也终将超越我们。

信仰是有其意义与价值的。在我看来，一个真正有价值有意义的信仰，要能够在使自己产生幸福感与存在感的同时，尽可能多地使其他人感到相同的幸福，帮助他们找到存在的意义。"面朝大海，春暖花开"，仅仅以此为信仰的人，即使实现了自己的人生价值，也会只是使自己感到幸福，纵然浪漫却没有意义。而我想，这也便是海子的不凡之处，虽然他一生潦倒，但他却把自己美好而易碎的梦写成了绝美的诗句，让无数人感受到了美与希望，实现了作为一个诗人的最高价值。他一定是幸福的，纵然他的幸福，旁人难懂。

在这一点上，我认为自己已经尽力去做了。我没有海子那样的才华，但我对每个人微笑，为每个人喝彩，给每个人鼓掌，并且从每个人的回应中感受到了幸福。这便足够了。

因此，我要感谢自己经历的这十八年，感谢父亲对我成长的关心与引导；感谢母亲无条件的爱与包容；感谢亲友对我的期盼与呵护；感谢同学，感谢师长，感谢陌生人，感谢自然，感谢自己犯过的错……是这一切的一切，让我心怀一个干净坚实的信仰，成为独一无二的柳在唯。

"我爱你，世界。"

18.
做一个完整的人

2011 级农业与农村发展学院 / 王意

从小到大，我的内心世界在不断地发生着变化，受着外部世界的冲击，也经历自我领悟的洗涤，由一开始的缥缈的憧憬到越来越具象化，我努力地要去构建自己的内心家园，构建自己的信仰。

没有信仰的人，就如水上浮萍，随波逐流；如行尸走肉，少了灵魂。经过十多年的努力，虽说时间不长，但也算令其初具雏形了。我想用家、国、社会、自己四个方面来具体说明我的信仰。

于家：90 后的我与长辈们的成长环境有很大的不同，因此往往也会有许多不同的见解。但是，这并不阻碍大家成为无话不谈的朋友。我认为，敬重长辈并不意味着恭敬而疏远，事实上，大多数时候我们需要暂时抛掉一些"辈分观"，用一种平易的、亲近的方式沟通交流才能更好地实践"孝"。就比如离开了父母、离开了家乡的我，以一个成年人的身份给父母写信沟通，以对朋友的心态跟他们倾诉，无形间，我感觉家人之间心的牵引更进了一步，令我感触颇深。我还认为，年轻人爱拼搏没有错，但是也不要因此竭力摆脱家的牵绊，爱家、顾家，是与生俱来的责任，血缘之情是不会因为地缘的远近而改变，不要让这种盼儿归来的寂寥眼神一代代传递下去，成为命运无情的循环，让你也在垂暮之年感受父母当年的落寞。最重要的一点是，家人是纯粹对你好不求回报的人，不要用对社会的敏感心态来质疑他们对你纯粹的爱。我一直在想，家真的是一处避风港，任大海波涛汹涌、残酷无情也无法撼动它坚实的臂弯，所以，永远不要把你在社会上所学到的伪装试探用在这里，那将会是最大的讽刺，最深的伤害！

于国：就像高中时政治课本告诉我们的，爱国主义不是抽象的而是具体的，永远不要把爱国挂在嘴边，我们可以担忧但不可以失望，可以疑惑但不可以质疑。国家因为一群人共同的信仰而存在，我们要保持自己对她的信仰纯洁。我们看到了祖国母亲身上的污秽，我们要做的是将它们除去，而不是对祖国的厌弃。爱国，某种方面是一种至深的包容。我作为一个中国人，说不出我愿为国付出、愿牺牲一切这样的豪言壮语，但我一定要学有所成后投身祖国怀抱，既然是我的祖国母亲，我又怎会再认他人做母！现在太多的高才生学成后移居国外，成为他国公民，这样的行为怎不令人心伤。尽管今天爱国的界限因为经济一体化进程而变得有些模糊，但爱祖国，为祖国奉献是一个大学生应尽的责任和义务！

于社会：在社会，鱼龙混杂，但不要因为有污点而否定全部。社会让你真正成长，在社会上摸爬滚打让你尝遍世间冷暖。我不要做温室里的娇花，而要做深山中的蔷薇，历经万难，才能开得最美。在社会里你能有至交，有推动你进一步发展的人脉关系，能看到人心的丑恶一面。在社会里我们受伤，我们更明白如何保护自己，如何尊重他人。给自己毫不退却的理由，人处在社会方为人不是吗？社会给我们每个人上人生之课，它值得我尊重。

于己：首先，严格要求自己，不屑安于现状，不愿坐享其成，更希望用汗水一点点铸成属于自己的荣誉王冠。无缘无故接受别人的给予，无疑是对自己凭实力得到它的能力的质疑。试问，现成的鱼与钓鱼方法你该选择哪个？有能力才有最高话语权。而我正在并且将一直坚持的便是不断用知识和经验充实自己，用实践检验和提升自己。其次，相信自己潜力无限。现实可以很残酷，挑战可以超难度，但是只要有一颗相信自己的心，便风雨难阻。失败有时候往往是自己先放弃导致的，而奇迹的诞生往往也是由那坚定的信念所培植的，潜力因为信念而被挖掘。就好比我高三时面对无数的复习题、紧张的备考氛围，一段时间有过彷徨，但是拨开云雾后，是如画的山水，因为相信所以成功。最后，活出自我。规矩是死的，人是活的，不是说不要遵守规矩，只是说要明白灵活变通，不要生搬硬套。分析现实，做出理性的抉择，使成效最优化。同时，不要放弃自己的兴趣爱好，做自己，而不是做一台完美的不知疲倦的机器。

以上每一点都是我对信仰的体悟与理解，我的世界观、人生观、价值观就渗透其中。人无完人，我会进一步体悟，进一步完善我的信仰。

19.
信仰明天

2012 级法学院 / 张黄莺

何为信仰？小时总以为这是一个抽象的概念，自己尚且年轻，下不了定义。又或者说，自小我们接受"无神论"的教育，简单盲目地以为"无宗教信仰即为无信仰"。百度百科上释义："信仰，是指人们对某种理论、学说、主义的信服和尊崇，并把它奉为自己的行为准则和活动指南，它是一个人做什么和不做什么的根本准则和态度。"

搜狐文化频道主编李劳先生，曾在一次有关"中国人的信仰问题"的采访中提到："信仰并不是什么神奇的东西，只是一个由价值观、人生观构建的信念系统。'我是谁'、'我往哪里去'、'我和别人和这个世界有什么关系'——解决了这三个基本问题的理念体系，在我看来就是信仰了。"

虽说我才二十岁的年纪，但在这个思维活跃的青春期，我们不可避免地会去思考这些问题。想起自己初中时阅读《苏菲的世界》，虽然不能得出狭隘明确的结论，但是总会有思想的火花迸发出来。

在我看来，信仰就是一种正能量，是一种可以不断鞭策我们努力奋斗的善的东西。我相信明天是美好的，只要我们努力。我相信世界是美好的，充满真诚与友爱。这是发自内心的一种美好愿望与期待，可以激励我们不断地努力、坚持。

其实我觉得，信仰也并不是宗教或者政党所特有的。每一个独立的、有思想的个体，即使还未成年，经历过许多大事小事与岁月的沉淀后，内心都会逐渐形成一种自己坚持的东西。这种坚持会在我们做许多事时，对我们起到决定性作用。信仰就是这样一种心灵产物。坚定的信仰必须是个体内心认可并接受的，也只有这样的信仰才能成为我们不懈的追求。

有没有信仰，有什么信仰，信仰对个体的作用，其实这些与一个人的世界观、人生观、价值观密不可分。只有对世界、对社会、对人的本质有了基本思考和看法后，一个人的信仰才得以形成并且牢固扎根。"三观"来自于人的生产和生活的实践，信仰也是如此，它来自于生活，又指导着我们的生活。

信仰的内容不同，可以是上帝可以是主义。但它的功用都是成为人的一种支持力，一种追求和动力。我说我的信仰是我的相信，我相信明天是美好的，只要我们努力。我相信世界是美好的，充满真诚与友爱。曾有过因努力却没有好成绩的失落，那种像高三一样拼了命地学习，却依旧达不到目标的悔恨。可是，静下心来反思时，我仍是一遍遍在日记本上写下"失望并不是绝望，坚持就是胜利"的誓言。曾有过被误解的委屈，那种百口莫辩的焦急与忧虑，我却还是坚持"日久见人心，善良终会被肯定"的执念。曾见过贫困的地方与人，那些偏僻的地方像是被遗忘的世界。对于极端贫困者本身，也许陌生人的零星礼物算不了什么，但是我们仍相信"水滴石穿，一切终将会变得更好"。

这种对未来的相信是我的信仰，也可以说是一种"信仰明天"。明天是希望，是与昨天的尘埃落定相反，是与今日的奋斗坚持相连。高中校长兼任我的政治老师，他总会对我们说一句："昨天很残酷，今天更残酷，明天很美好，但是大多数人死在今天晚上，看不到明天的太阳。"想起那段充实打拼的生活，我们心中执念的"某某大学"其实只是一个抽象的名称而已，并非因为那个真实的校园而心生向往。所以，那股一直支持着我们走过寒冬酷暑的力量究竟是什么？对我而言，这便是我对明天的向往。我相信，这一日一日的坚持会带给我一个最好的机遇，让我能够有一个广大的平台、发现人生的多彩。回想起那一个个无须分清白天与黑夜的日子，早起直奔教室或是晚自习下课时，天色虽暗，但远方，总有一团光亮。这光亮，是教室里若隐若现但温暖无比的灯光，更是我们心中对明天的希望。我们是虔诚的求学者，纯粹的求学者，一路走来，不言放弃，信仰明天，也信仰着希望。

我们会疑惑当下的中国人究竟在信仰些什么，我们会批判现实社会中信仰的混乱，我们会质疑是否已经没有信仰并且这是否会影响发展。也许有人会认为，中国没有统一的宗教信仰，儒学只限于一种伦理教育，共产主义只是个难以实现的空想，因此如今的中国是个没有信仰的国家。但是，为什么信仰必须是一个社会统一定义的概念？为什么伦理信念不能成为个人的信仰追求？

可以确定的是，千百年前的圣人圣言，曾是多少士大夫的毕生信条，它也仍是并且将是无数有志之士的座右铭。在那些被物欲浮华遮蔽了双眼的人看来，马克思主义的科学信仰仅仅是种形式和口号。但是更多的人都相信，自己需要并且正在为一个更美好的明天、更美好的世界努力着。这难道不是一种坚定的信仰吗？

"所谓信仰，就是我们心中信奉且尊崇的某种精神，并愿意为这种精神而献身。""对爱情的渴望、对知识的追求、对人类苦难无可遏制的同情心，这三种简单而又强烈的感情支配了我的一生。"罗素的话一直深深地打动着我，我愿意为这种信仰这种精神而献身。

四、信仰红色中国

1.
将社会责任置于信仰之巅

2013 级外国语学院／杜金峰

一千个人心中就会有一千个信仰。

追溯既往，历史的起承转合清晰明了。想到一些人和事总会让人为之动容，商鞅纵然身首异处也要变法，正是他毅然改革才为秦国开创了百年基业。张居正为了国家不惜得罪权贵也要推行新法，我想他应该想过自己的下场：死后抛尸，长子被杀，一家牵连。难道他不怕？按照鲁迅的说法，他应该是在为帝王将相书写家谱，虽然如此，但历史的尘埃也难掩他的光辉，他是为了帝王将相吗？不，一定有更深层次的原因。

或许，他们为了更高的目标，"生亦我所欲也，然所欲有甚于生者，故不为苟得矣。死亦我所恶，然所恶有甚于死者，故患有所不辟也"。多豪迈的话语，让人热血沸腾，深深思考：有些东西或许比生命更重要，它是义，它是穷则独善其身，达则兼济天下的豪迈，是天下为公的胸怀，是张载笔下"为天地立心，为生民立命，为往圣继绝学，为万世开太平"的追寻。几千年来每当时势渐微，每当国家濒于危亡时，总有那么一些人舍弃生命，为生民请命，他们为的是兼济天下，他们心中没有自己，而是胸怀天下，铁肩担道义，挽狂澜于既倒，扶大厦于将倾。古语为义，今人称之为社会责任感。先辈筚路蓝缕，践义成仁，遥想父辈祖辈，在历史的道路上如此艰难，如此坎坷地开辟了一条通往繁荣的道路，他们为民族为国家贡献出了青春与热血。当他们逐渐老去，追问我们的故事，我们能否说自己无愧于时代，无愧于人民。

每每思之，便心中忧虑，我们是人大的学生，我们的目标是立学为民，治学报国，我们理应承担起这份社会责任，这份义。我想这就是我的信仰吧。义，是天下兴亡，匹夫有责的义；是天变不足畏，人言不足恤，祖宗不足法的义。

我的信仰是天下为公，先天下之忧而忧，后天下之乐而乐。让更多的人享受更加美好的社会，更舒适的环境，让更多的人富足，让每个人的人生都更加精彩，让改革的福利惠及更多的人，让正义的光芒播撒广袤的大地。

在怀疑的时代更加需要信仰，坚信正义，坚守公平。大道之行也天下为公，无数先哲为此付出青春与热血，谭嗣同临别之前的振臂一呼，孙文先生的毕生努力，江竹筠临刑之前写下盼儿沿着父母的道路，为实现共产主义而奋斗终生。这些人和事感染着当代人，也影响了后代人，他们为了祖国的繁荣，民族的昌盛可以奋不顾身，我辈定当追随。

不要因为自己力量弱小就妄自菲薄，信仰也许不会给你直接的物质享受与财富，也不会让你摆脱这人世间的所有桎梏，但是会在你生命最黑暗的时候像一把火炬一样点亮你的人生。选择崇高的理想，因为生命只有一次，因为逝者如斯，不舍昼夜，因为它会让你无愧于人生，无愧于人民，无愧于生命。

要记住，你所站立的地方便是中国，你什么样，中国就什么样，你信仰光明，中国便不再黑暗。将人人信仰的义汇聚在一起，汇成一股强大的力量，人人生而奉献，从此便不再怀疑。人人维护正义，邪恶便无处遁形。如此有这样一群有信仰，讲信义的人，居庙堂高位而不忘民瘼，处市井江湖而为民伸张，这样才是富足的社会，这样才是真正的民族复兴。我的信仰，更是那么多人的信仰，这信仰期盼政治清明，期盼人人生而自由，期盼鳏寡孤独能老有所养，病有所医，期盼人民生活的更加富足，敢于居高位而为民请命，敢于在大时代中做一个伸张正义的小人物。这便是先天下之忧而忧，后天下之乐而乐了，我相信我一定不是孤独者，微斯人，吾谁与归？

信仰，给了我生存的力量和勇气。选择一种信仰，就等于选择了自己的命运。在信仰这个近乎虔诚的高度，我奋力攀登只为能离内心离灵魂更近，努力触及世俗以外源自精神本质的东西，努力把握自己的命运，努力追寻着人生的价值与真谛！

希冀以虔诚的高度守护这份信仰，深入内心深处，做到不忘初衷，做出无愧于时代、无悔于青春的人生选择。

2.
始终与马克思主义同行

2011 级理学院／张宗尧

信仰的含义是宽泛的，在这里，我只讨论自己在哲学方面的信仰。概括地说，我的信仰是马克思主义。

这一信仰是从小确立的。我出身一个工人家庭。老人们的信仰，在我小的时候对我产生了巨大影响。我现在只能记得，小时候我看到的书有一本《反杜林论》，那本小册子对于那个年龄的我来讲，是不能理解的。在那时，祖父母用了一大堆难以理解的话语来给我解释，这算是最初的接触吧。随着受教育层次的加深，我在学习生活中，自觉地阅读了四卷本《马克思恩格斯选集》，四卷本《列宁选集》，四卷本《毛泽东选集》，以及节选的《资本论》，这些书，都是在刻苦学习功课的同时阅读的，我认为，对于培养自己的信仰和健全的人格，是很有作用的。

在哲学方面，我信仰辩证唯物主义和历史唯物主义。给我最大启发的是列宁的《唯物主义和经验批判主义》，这篇旨在同马赫主义者斗争的文章，对我的思想有很大的影响。

虽然，自从它诞生之日起，马克思主义就一直受到攻击、诬蔑、戕害，受到形形色色的修正主义的庸俗化。伯恩斯坦和考茨基，作为修正主义的鼻祖，开创了"改良"马克思主义哲学的先河。但是修正主义不能掩盖它反动的实质。在这里，不再追溯和引用那些人所共知的谬误了。还有孟什维克的观点，赫鲁晓夫唯意志论等等，也不再一一举例。

对于西方哲学的种种流派，千头万绪的思维方式，我无力涉猎太多，连走马观花浏览主要内容都做不到。但是，从我能够阅读的西方机械唯物主义哲学的著作和其余介绍西方机械唯物主义的作品来看，他们至少比阿奎那式的经院哲学有更多的合理性。虽然我不得不承认，西方哲学著作难以理解且语言晦涩。

不管怎样，对其他哲学的流派以及更落后、更愚昧、更反动的神学的态度是坚定的：唯心主义哲学建立在不科学的基础上，这使它失去了科学性。虽然唯心主义哲学可以结合辩证法，但是，辩证的唯心主义并不能"证实"其合理性。无源之水，无本之木只是空中花园。

机械唯物主义哲学看似略有道理，并且在自然科学领域有相当的案例可以"证实"机械唯物主义哲学的科学性。但是，形而上学的机械唯物主义观点，不能做到全面、发展、运动地看问题，所以，它也是不科学的。

神学，根据《恩格斯论宗教》一文，神学只是人类的创造。我完全拥护恩格斯的观点。"人根据它的形象造神……"神学纯属虚妄，而信仰神学的信徒中，终会发现，自己是可悲的被愚弄者。

站在辩证唯物主义和历史唯物主义的立场上，我认为，辩证唯物主义和历史唯物主义是真理。在它面前，一切形形色色的哲学流派都黯然失色。它作为科学的哲学，一定能够继续引导我和千千万万的同路人的思想不断前进。最后，引用恩格斯的话："正像达尔文发现有机界的发展规律一样，马克思发现了人类历史的发展规律，即历来为纷繁芜杂的意识形态所掩盖着的一个简单事实：人们首先必须吃、喝、住、穿，然后才能从事政治、科学、艺术、宗教等等。所以，直接的物质的生活资料的生产，从而一个民族或一个时代的一定的经济发展阶段，便构成基础，人们的国家设施、法的观点、艺术以至宗教观念，就是从这个基础上发展起来的。因而，也必须有这个基础来解释，而不是像过去那样做得相反。"

至于信仰的未来，站在科学社会主义的立场上，我坚定不移、矢志不渝地认为，共产主义一定能够实现。社会主义能首先在一国建成，社会主义在某种意义上是相对独立的一个阶段，并不是一个简单的过渡，也许，还要经过一段较长的时间，共产主义才能建成。《共产党宣言》早就昭示了共产主义社会的美好未来，我认为，经过全世界劳动人民的不懈努力，共产主义理想一定能实现。"我们的目的一定要达到，我们的目的一定能够达到。"

3.
消除对马克思主义的误解

2011 级劳动人事学院／杨思婧

提起信仰，人们往往想到宗教，然而几千年来，中国社会的主流信仰并不是宗教。儒家思想自汉武帝罢黜百家、独尊儒术时起，就成为中华民族的群体信仰直至近代。但是我以为，儒家文化所畅想的大同社会与马克思主义所追求的共产主义社会有相似处，但后者更具科学性，更值得人信服。

作为一名共产党员，我坚定地信仰马克思主义。我承认自己并没有极为深刻地理解马克思主义的精髓，然而这并不影响我对于自己已经理解的一些马克思主义原理的认同和对其所描述的理想社会的向往。

有人会说，你信仰马克思主义是因为政府意识形态的灌输。我并不否认这些年里自己接触马克思主义的机会比较多，但是，我也粗略地了解了一些其他思想家的理论和一些宗教的教义。我不否认这些思想中有合理的成分，但是却也包含着一些消极的态度和与时代脱节的理论，它们相比于马克思主义，缺陷是比较大的。另外，马克思主义在中国化的过程中也得以逐渐发展和完善，对于我国现实的把握也越来越到位，这一点是其他理论无法相比的。马克思主义不仅是一种政治理想和思潮，更是社会科学和哲学。我对于它的信仰，来源于对科学的尊重和对社会进步的信念。人类应该追求真理，就我所认知的理论而言，马克思主义的世界观方法论是通向真理的钥匙。或者说，科学的马克思主义在某种方面就是真理。

人类长久以来一直追求平等与自由，无数仁人志士为之流血牺牲。马克思主义追求的是人类自身的解放，其中包括平等与自由，但还有建立在这基础上的人本身的发展，所以说，马克思主义的理想不仅是对于社会的理想，更是对于人类本身的理想。我愿意以它为自己的理想和使命并为之奋斗。

可能我永远也无法看到马克思主义所描述的共产主义社会的到来，但是我坚信。我认为世界上最幸福的人是有着坚定信仰并为其实现不断奉献的人，因为在这过程中，他们的自身价值融入了社会实践中，他们相信自己不仅为自己而奋斗，更是为真理和全人类在奋斗，挫折会坚定他们的信念，失败会增加他们的勇气。这样度过一生，即使在生命终结的一刻，也无怨无悔，我渴望成为这样的人。

信仰虽然看不见也摸不到，但它所能带给人的力量和其所指导下的实践足以震撼所有人的心灵和整个世界。我不认为自己有机会像为无产阶级革命奋斗的前辈一样在时代的激流中弄潮，但是我有与他们一样的愿望和信念，正如马克思主义哲学所告诉我们的那样：一切从实际出发。作为一名大学生，努力在学术上攀登高峰，在社会实践中尽可能多地做一些对人民有益的事，并带动他人有所行动才是现阶段的主要任务。

有些人，尤其是青年人，认为信仰马克思，维护中国共产党是一件令人鄙视的事情，他们认为马克思主义是统治的工具。我只能说他们把现实生活中的一些不令人满意的现象与政府联系起来，当然政府需要改进，可是政府的一些不当之处并不是马克思主义的错误，也不是中国共产党的初衷。我认为这些人的行为是不妥当的，他们的思维也是不成熟的。我坚信党的高层是深入了解马克思主义的精髓的，只是许多政策在执行时由于工作人员本身的问题产生了偏差。所以作为信仰马克思主义的年轻人，我会提高自己的能力，也希望千千万万与我一样的人能从我做起，在今后的行动中按照马克思主义的方法论来规范自己的行为，不断改进现有的不妥之处，在将来能逐渐消除人们对马克思主义和党的误解。

但是有时我面对这样的人并不能显得很理性，比如当同学表示对党和马克思主义的怀疑时，我会和他们吵得不可开交，总想让他们迅速认同我的观点。经过现在的思考，我认识到人的思想受各种因素的影响，不是一时可以完全改变的。此外，每个人都有信仰自由，我也没有权利逼迫他们相信我的信仰。所以我决定先独善其身，坚持自己的信仰并不断学习。我坚信邓小平的话："我坚信世界上信马克思主义的人会多起来，因为马克思主义是科学。"

我知道自己并不是孤独的，信仰马克思主义的青年是对理想世界充满信心的人，社会从不缺少这些人。生长在和平年代，我们并不需要像革命前辈那样用激进的方式为理想而奋斗，但平凡更是一种磨炼，在平凡的考验中，也需要信仰的强大支持。

4.
怀揣共产主义去奋斗

2013 级外国语学院／刘珈豪

我是一名中共预备党员，我的信仰是共产主义。

当我这句话一说出口，我有种被全世界孤立的感觉。

在西方的价值体系下，共产主义是他们提防的对象，社会主义是与他们对立的敌人。在当下中国，这个称号也没有原来喊得那样响亮。年轻人的思想开放了，国人压抑在内心的自卑主义情绪往往作祟，让洋鬼子的文化迅速入侵我们的主流文化。

即便是让我躲到共产党员这个集体的内部，我也不能安心。在这个物质的年代，有许多人仅仅把党员这个光荣称号，当作登堂入室的敲门砖；在这个体制化的社会中，似乎通向共产主义的道路只有一条，让人们沿着唯一一条路去向一个位置明确的前方，总有一种飞夺泸定桥的悲壮——前面的人倒下，后人踏着前人的尸体前进。

哎，我心若不能想我心之所想，我口若不能言我口之所言，长此以往，难道心中的理想不会熄灭？难道生命的火光还能活泼地跳跃？

我想做的，就是用我的行动去感动他人。我想说的，是让我们放下今生带不走的名和利，去关照一下你内心真正想要的是什么。我要让中共党员们能够切实发挥先锋模范的带头作用，真正做共产主义的领路人，而不是社会主义的掘墓人。为什么要保留哪怕一点点的形式主义、官僚主义、享乐主义或是奢靡之风？请问他们当初入党宣誓时候的铮铮誓言哪里去了？为什么他们被选为人民的代表，却不能表达人们的心声？我要让中国的青年知道我们的梦想，我们的祖辈他们奋斗一生是为了什么，绝不是用一千次的敲击、淬火炼出了钢铁却让后人锻造成铁锹来为自己掘墓！我们国家的方向在哪里，我们民族的信仰是什么，我们文化传承的动力又如何保持……我还想去感动意识形态与我们对立的人，我坚信，世界不是一个非黑即白的立方体，否则当其中一方奋力推倒了这个平衡，发现下一个存在仍是一个立方体，非黑即白。

我还想说，实事求是是中国共产党的基本路线，是人民大学的校训。在此时此刻此景，更需要我们不推诿不妥协地坚持下去。的确，体制是存在的。但是我们不应该因为官大一级压死人，就变得没有原则，就变得功利、自私、口是心非、顺而不从。如果每个人都伸手把利益塞入自己的口袋，那谁又能伸出手来勤劳工作为社会主义现代化建设而奋斗呢？

我虽然不认为性格会是人生发展的瓶颈，但是一个理想主义者（我想我是）总会要求比自己能达到的更高的条件与要求，我能够感受到我做到的每一件用心去做的事情都能得到身边的人的肯定与鼓励（甚至感激），我也能在脑海中描绘属于自己的蓝图。但是就像父亲对我说："你年轻，需要有朝气，你要像鲁迅一样敢于为国伸张。等你到了中年，有了自己人生的版图，有了自己的领域，你再像沈从文一样，用理想主义的眼光去看待这个世界吧！"

人的一生应该怎样度过，我想为共产主义奋斗终生，我要让自己的理想更加理想主义，怀揣共产主义社会的理想与信仰前行！

5.
对共产主义理想的重新审视

2011 级财政金融学院 / 刘伟杰

　　一个幽灵,在欧洲大陆徘徊。当这个幽灵又徘徊了 163 年,足迹从发达的欧洲扩展到整个世界,却给人类带来了预想不到的成果,这其中,中国以其当今的国力和国际影响力自然成了共产主义运动的领路人。中国从 1949 年到 1978 年,虽走过一些狂热动乱的道路,但其共产主义一直是人们心中最神圣、最崇高的信仰。在对共产主义的顶礼膜拜中,孔子的匾额被拿下,菩萨、天神的塑像被砸碎,共产主义是唯一的信仰与梦想。等到人们从狂热中冷静下来,睁大眼看到外面的尤其是西方的世界,那种惊诧马上就转化成对自身的怀疑,仿佛自己一直被一层缥缈的雾所蒙蔽。于是开始改变,开始改革。改革开放,西方的各种物化和精神化的东西一下子涌入,计划经济的坚冰逐渐融化,慢慢汇成社会主义市场经济的大潮。当经济基础变革之后,上层建筑自然有了变化,有了对于社会主义建设规律更清醒、冷静、理智的认识,有了更立足国情、追求国际化的观念,却同时撼动了人们心中坚定的共产主义信仰。

　　信仰用哲学的话来说就是世界观、人生观、价值观。人有各种信念,信仰就是信念最集中、最高的表现形式。它是贯穿在人们精神活动和实践活动中的意识规范。"见字如见人",而从一个人的行为中很容易看出一个人的信仰。在我看来,信仰有两种:但求问心无愧和举头三尺有神明。它们分别以道德和宗教的力量来约束,前者真实科学却很不牢固，后者显得迷信缥缈却易于坚守。而这两种都很容易出问题，道德之于宗教，就像是石头之于布匹，虽然道德更富于理性的光辉，外表坚硬，但遇到更为顽固的现实时，一碰就碎。而布匹有韧性，能忍受很大的冲击力。

我认为，共产主义信仰走的就是从布匹到石头的路。改革开放后，一些人对共产主义的信仰开始怀疑、动摇，共产主义学说也不再受重视：很多人认为共产主义社会遥遥无期，甚至有人认为它根本是一个空想的乌托邦。我们看到的是学生、学者们对于西方经济理论的研究、追捧，即使少数学者在研究马克思主义和中国特色社会主义理论，也仅仅被认为是为了官方意识形态的需要。在经济大潮的裹挟下，现实中有一些官员丧失党性，在糖衣炮弹面前打了败仗，在人民群众中产生了很不好的影响。于是马克思主义除了官方将其作为指导思想外，在其他领域，似乎成了冷门。邓小平说过："改革开放的最大失误在教育。"在教育失误的情况下，中国特色社会主义究竟会发展成什么样，是不是人们想要的，是不是真正的社会主义，会不会融入资本主义洪流？

尽管我自己学习的主要是西方资本主义经济理论，我依然坚持对社会主义、共产主义的信仰，因为社会主义、共产主义是经济、社会发展规律的必然产物。当前中国的社会主义建设出现了这样那样的问题，不过这只能说明社会主义不够完善，而不是它的路已经走到尽头。我愿意把那个平等、公正、和谐、消除了一切阶级差别和歧视的社会当作我的信仰，而不想把腐败、拜金主义、两极分化看作一种必然。这不是政治套话，而是我相信的真理。

6.
社会主义是无与伦比的

2013 级外国语学院 / 殷楷桓

说到信仰，我觉得它像纪伯伦说的，信仰是心中的绿洲。但这也仅限于正确的信仰。信仰对于个人和社会的意义十分重大，正确的信仰能使人向善，激发身体中的正能量，为自己创造美好生活，从而增强世界的和谐。相反，错误信仰的危害程度自然也能大到祸国殃民。

几乎每个人都拥有信仰。一些人信仰基督教、佛教等宗教类的信仰，一些人供奉各种来路明确的和来路不明的神仙，还有些人笃信因果报应等超自然力量，部分走在时代前列的智者信仰自然、科学和马克思主义。我认为对一个信仰从一而终，其间不抱有任何怀疑的人几乎是不存在的，尤其是在现代社会。当人们遭受寒冷、饥饿、风暴、地震、疾病等等灾难时，他们所信仰的东西往往不能救他们于水火之中，甚至有些都不能给出合理的解释以慰藉心灵。

我的信仰从模糊到清晰，其间经过种种波折，到现在我仍然不敢说我有百分百的信仰，我只能说我大致找到了我的信仰的方向。

在家人的影响下，小时候我以为世间真实存在着西方极乐世界，那里无等级，无邪恶，一切都幸福祥和。或许是因为无意间翻过的一本佛经，新年时外婆家供奉的观音菩萨，父亲经常播放的唱经和他手上那串闪着柔和光芒的菩提子，这些环绕在我的童年生活中，而那时的我没什么判断力，只会跟从，所以上初中之前我会唱好几首经和咒,一直随身携带着一串念珠,理所当然地认为它能保佑我,给我带来好运,甚至觉得所有信佛的人都是善良的人,平时遇到手戴念珠的人都会对其另眼相看。虽然其间有两三次受到信仰基督教的伙伴的影响,对基督教产生兴趣,并且暂时信仰了基督教(一个重要原因是我觉得十字架很帅,从这点足以看出年幼时我的信仰是多么不坚定),但大部分时候我还是追随父亲的。

初一是第一个转折点。可能是因为青春期的反叛,以及我更多地接触思考社会问题的文章,这些文章多数是探讨时下人们的生活环境和精神面貌,其实大部分都与宗教无关。但是我渐渐感受到,人若想实现自己的愿望只能靠自己,即使你是个虔诚又合格的佛教徒,你想得到的东西也不会在你吃斋念佛的时候掉到你碗里。当然现在看来这是非常肤浅的看法,虔诚的佛教徒不应该是想通过信仰获得现世的回馈的。但是我在寺庙里见到的,那些慷慨的香客,他们谦卑地跪在观音菩萨面前祈求子嗣或者高分或者财富、权力时,我无法正视他们的"虔诚",我只能鄙夷,并且告诉自己,自食其力。

之后我度过了大约一年没什么信仰的时期,没有信仰并不代表我精神空虚。我不断地摸索,时而觉得举头三尺有神明,有果必有因,时而觉得与其相信那些我从未见过的神啊鬼啊,不如敬畏头顶那一片蓝天。我开始觉得宇宙是如此神奇而又强大,每个人是如此渺小,世界不息地前进,我也要努力向前。

大概初三是第二个转折点。我当时并未意识到从那时起我对马克思主义产生了兴趣。当时我十分喜欢初三的政治老师,她的远见卓识令我佩服不已,她常常在课堂上引用马克思的话,用自身经历做例子讲解书本上的理论——我一度认为那些打着马列主义、科学发展观旗号的言论都是官腔和空谈,但她使我开始模糊地懂得,中国就是吸收这些与时俱进的理论养分成长的。

高中之后，尤其是高二学习文科之后，我对马克思主义哲学了解更加深入，越了解就越加敬佩前人的真知灼见，越加觉得社会主义是无与伦比的。有的时候会突然冒出"沐浴在社会主义光辉下成长的一代"这种红色言论，或者看《建党伟业》这样的电影时激动得热泪盈眶，或者听外公讲那些年他们一起参加过的革命时热血沸腾，或者在听到其他同学盲目地夸赞资本主义国家而贬低中国时激烈反驳。但是就像我之前所写的那样，今天，经过了那些曾经的过往后，我坚定地认为自己就是一个马克思主义者。

7.
马克思主义让我自豪

2010 级国际关系学院／高洁

刚开学不久，我认识了一群美国人，他们问我有没有信仰。当时，我真的很迷茫，我不知道什么叫信仰，只好说没有。那群美国人觉得很惊讶，在他们的世界观里，没有信仰是不可思议的。

在两个星期后，我在《思想道德修养与法律基础》课上认识到何为信仰。信仰，不是邪教，不是宗教，而是一种信念，这种信念将支撑我们走过每一段人生之路。信仰，不是抽象的，它不是浮在半空的灵魂，也不是虚无缥缈的空中楼阁，它是具体的，确确实实存在于生活的每一个角落，存在于人的每一次呼吸中。

西方人眼里的信仰，是基于客观唯心主义的。他们认为，世界是神创的，信仰的对象为遥不可及的上帝。而这种信仰，将决定他们的世界观以及方法论。信仰不分对错，西方的信仰与东方的信仰在本民族人的心目中也都是重要的。

而我的信仰是马克思主义。马克思主义是基于科学的唯物论，并以辩证的观点看待世界。马克思主义是革命的、历史的、实践的。我信仰马克思主义是因为它为人类指明了前进的方向，提供了科学的世界观和方法论。马克思主义要求我们以发展的观点看问题，以矛盾的眼光看待世界。马克思主义是科学的理论和思想，以此为信仰，我学会了以辩证唯物主义和历史唯物主义的观点看问题、分析现实，并寻找解决问题的办法。

现在，我可以自豪地对人说，我的信仰是马克思主义。我拥有一个科学的信仰，而这种信仰是实实在在的，它能够不断激励我前进，让我以一种广阔的胸怀去认识事物、对待社会、看待自身，不再狭隘、不再彷徨！

8.
我憧憬马克思构建的世界

2013 级外国语学院 / 吕家琛

说起信仰，不少人会联想到宗教或共产主义等。的确，信仰是个体信奉及仰慕的事物，上述两种信仰自然在此之列。

比起世人耳熟能详的基督教、佛教、伊斯兰教三大宗教，我对古希腊宗教更为青睐。在《伊里亚特》与《奥德赛》中，神明的踪影随处可见，诗人相信那是人神共存的世界。巍峨的奥林波斯山直指穹窿，永生而不朽的神明安居山巅。神明的出现绝非偶然：对于缺乏完善正确的世界观的古希腊人，想要在环海多山、生产力落后的窘境下生存下去，不但要有足够的物质供给，更需要坚定不移的信仰。因此他们不仅构想出数量庞大的各路神明，更流传神话史诗以使人确信神明真实存在、神迹切实可寻。而这样的宗教信仰的作用，从个人来说是生存下去的动力，从集体来说是维持社会稳定的手段。因为当人们的信仰相近时，他们更倾向于向同一个方向努力，彼此之间因为信仰而产生的归属感能让这群信徒爆发出惊人的能量和效率。当然，这种近乎狂热的信仰更容易被别有用心的人所控制，十字军无谓的屡次劳师远征便是明证。

这样的弊端，在多神论的古希腊宗教被一神论的基督教取代之后愈发明显。后世宗教中的神佛都是高不可攀的存在，人们降生尘世接受宗教的洗礼，就是为了赎减原罪或超脱轮回。他们相较于古希腊宗教更为成熟，教义更为博大精深，信仰对象也更尽善尽美，但是信徒们的思想也被蒙蔽得更为严重，无神论者也遭受到了前所未有的残酷迫害。我之所以更欣赏古希腊宗教，就是因为古希腊宗教让它的信徒在虔诚处额外保持了高度的理性，使他们缔造出高度的文明，为后世做出了良好的表率。

尽管这样，我还是不信宗教。因为再好的宗教也只能做到引人向善，而且所谓人人皆善的社会只是乌托邦罢了。想真正让民风有所改变，单单靠精神上的洗礼是不够的，不可能人人都乐意为了虚无缥缈的来世天堂等无私奉献全部。想要实现人人平等，还要靠共产主义，至少我是这么认为的。

有句话把信仰阐释得很好——信仰，就是你的信任所在。但与信任不同的是：信仰同时是你价值的所在。共产主义，就是我的价值所在。

有人会对共产主义进行质疑，有人对共产主义满是偏见。那是因为他们不懂什么是真正的共产主义，或是把现存的社会主义当成了共产主义。而真正的共产主义是通过发展生产力，达到高度发达的集体主义思想主导社会、无须通过生产资料私人占有制来促进生产发展，没有阶级矛盾、种族争斗，把全人类从循环式的阶级矛盾中解放出来，并建立没有阶级制度、没有生产资料私有制、没有政府，以及集体生产的社会。而我们现阶段重心是进行社会主义建设。在这段时期，商品生产和货币经济仍然存在。加上国家大力发展经济的需要，难免有部分权贵利用手中权力做出为人不齿的事情。如果这样的事接二连三地出现，百姓对共产主义的信仰难免受到打击，由社会主义通向共产主义的坦途也会荆棘遍布。

我信仰共产主义，只是因为我相信依照这个信仰，那理想化的看似遥不可及的美好世界是有可能实现的。当社会物质基础发展成熟时，当人们不用为蝇头小利而钩心斗角，当人们的野心可以轻松地被已拥有的而满足时，个人的发展不再被限制，而是高度自由地生活，这是多么令人心旷神怡的世界。

我憧憬着马克思构建的这样的世界：任何人都没有特殊的活动范围，而是根据自身发展的特点可以在任何部门工作，社会公共机构调节着整个生产，能力强的人进入社会公共机构参与社会工作的分配但以个体意愿为主，因而有可能随自己的兴趣今天干这事，明天干那事，上午打猎，下午捕鱼，傍晚从事畜牧，晚饭后从事批判，这样人就不会老是一个猎人、渔夫、牧人或批判者。这很难实现，但我忠于这个信仰，愿意为之奉献绵薄之力。你会问，人生匆匆几十年，这样的宏愿终其一生有可能实现吗？我坚信，这一代未竟的事业，自有下一代迎难而上。我们现今的物质条件远胜当年，先辈们在那般恶劣的情境中仍能秉持忠贞的信仰，开辟自己的天地，我们又为何不能继往开来、有所建树呢？

惠特曼说："没有信仰，则没有名副其实的品行和生命；没有信仰，则没有名副其实的国土。"为了建设我们自己的乐土，创造生命的辉煌，忠诚于自己的信仰，为了共同的目标共勉吧！

9.
感受马克思主义之美

2013 级外国语学院／郭玮琪

信仰是人们忘记自我，对自我之外的精神的一种依赖和信任，是自己内心的疑惑和不满的解答方式，是给自己实现心中梦想和希望提供方法论的机遇，是充实自己空虚心灵的一剂良药，是指引人们成为一个善者的灯塔。由于每个人的经历不同，所形成的世界观也各不相同，所以社会上每一个人的信仰都有所差别，而在信仰的指导与提示下，形形色色的人出现在社会上，给社会带来了不同的影响。

信仰可以给人们提供一个强大的精神依托。基督教堂、寺庙等场所会有很多虔诚的人在向心中的神忏悔、祈祷，向神倾诉自己的烦心事，说出自己的愿望，检讨自己的过错，而出来的人大多如释重负一般，在放下心灵的担子之后重新开始崭新美好的生活。有很多人并不是严格意义上的基督徒或佛家弟子，但他们心中仿佛也住着一个神，在自己遇到困难或挫折而无从倾诉时，心中的神就会给他们暗示，鼓励他们勇敢地面对生活中的种种困难，或是放下那些本不该过分看重的事情。信仰在人们的生活中扮演了精神支柱的角色，在人们迷茫、失落的时候，帮助人们找回曾经的自我，信心满满地接受下一个挑战。

信仰可以让人改邪归正，以一个善者的姿态对待他人。例如，基督教主张不偷盗、不奸淫、不凶杀、不贪财、不抢劫、不诬陷、不妄语、平等爱人、惩恶扬善。当基督教徒们有了罪恶的想法时，他们就会真诚地向主忏悔，反省自己的过错，而当看见其他人有不好的举动时，他们也会上前阻止劝说，这就减少了很多悲剧的发生，给社会增添了一抹和谐的色彩。其他宗教也有自己的教规，本质上也是要人们一心向善，不做对别人利益有害的事情，不做违背自己内心的事情，在帮助别人向善的过程中实现自身的价值。信仰要人们保持"人之初，性本善"的状态，把人们包围在一个只有善人善事的圈子里，净化人的心灵，让社会维持在一个相对纯净的环境里。

而信仰并不仅仅有宗教信仰，当然还有更理智、更科学的信仰，如马克思主义信仰，这也是我们执政党中国共产党所提倡的信仰。宗教信仰是一种非理智的信仰，它只要求人们遵从它的教义，人们不需要知道为什么，也不需要弄清楚教义是否正确，是否对社会有益。而马克思主义信仰不同，它在让人们接受之前，给人理智地了解这个信仰和学说的机会，它是建立在人们深刻接受和认同的基础上的。马克思主义不但揭示了无产阶级伟大而崇高的历史使命，而且指明了全人类的最美好的共产主义理想。共产主义远大目标作为人类社会实践所能提出的最高实现目标，是实践的威力和人的自信力的体现和象征，它不但具有巨大的物质价值，带给人类最大的现实利益，而且具有崇高的精神价值，鼓舞人类进入高尚的精神境界。马克思主义信仰不是要求人们对它采取非理性的狂热，而是希望人们拥有健全的理智和常态的生活，尊重和信赖自己的本质力量和实践能动性，从而实现整个社会的共同理想，提高广大人民的生活水平。

作为一名大学生，我们要尽早确立一个坚定的信仰，要从宗教信仰中吸取精华来丰富我们的精神世界，充分实现自身的价值，为推动这个社会的进步做出自己的贡献。当我们对于信仰什么还存在困惑时，我们可以选择主动学习马克思主义基本原理，感受马克思主义信仰的科学之美，立足于实践，充分发挥人的主观能动性，在马克思主义理论的指导下推动社会变革，为人民谋利益，而不能完全听任主观思想的影响，过分地迷信某种信仰。大学也可以适当加强马克思主义信仰的教育，让大学生们充分感受到科学信仰的魅力，从而树立一个正确的世界观和人生观，让科学的信仰指导我们的生活，让科学的信仰推动整个社会的进步。

10.
伟大的党，伟大的梦

2013级公共管理学院／陈肖同

　　信仰，我一直认为是一个庄严而有温度的字眼。它可以点石成金，它可以让人坚守，可以让人等待，可以让人从容，可以让人忍受不幸，可以让人享受贫穷，可以让人笑对死亡。回顾历史，正是一群有信仰的人，在这个国家摇摇欲坠万分危急的时刻，挺身而出力挽狂澜。对于这样的人，我们可能会称之为英雄。但我更愿意把他们理解成是一群信仰的践行者，他们为着自己心中那股永远燃烧的精神之火奉献了自己的青春、自己的家庭，甚至自己的生命，却依旧无怨无悔。我想，这就是信仰的力量。

　　说到底，世俗意义上的信仰就是一种深深的相信。没有什么能改变这种相信，没有什么能改变你对一个伟大的梦的坚守。庄子说过，外化内不化。当一个人从年轻稚嫩变得稳重成熟，他的外在可能圆润而通达以适应规则，但他的内心一定要记得自己出发时的理由，记得自己的坚守，这就是我理解的"外化内不化"。

　　现在很多人都说中国人没有信仰。的确，有一些中国人使命感和责任感都不尽如人意，口头上多强调集体，但实际上却最计较个人利益；口头上多提倡无私奉献，但心里却惦记着待遇报酬；口头上多强调自食其力，但心里却幻想坐享其成；口头上多强调诚实守信，但实际却唯利是图。其实，这是因为市场经济大潮对中国人的行为方式、思维方式以及价值观、世界观带来的冲击。人们在大潮里逐波而行，在选择，在重组，在思索，踽踽独行寻找着当代中国的精神坐标。有的人选择了金钱，有的人选择了名誉，有的人选择了权力。这其实是大变革之后所带来的反思和阵痛。在我看来，现在的中国人不是没有信仰，而是把生存得更好当成了信仰。

作为一名预备党员，通过学习，我逐渐了解党的光荣传统以及那段峥嵘岁月，更觉得它的伟大。从一个由十几个人组成的"非法组织"，发展到执掌了一个东方大国的政权，领导人民走向独立富强。中国共产党靠的就是信仰的力量。一个伟大的组织，编织了一个伟大的梦，团结了一个伟大的民族。今天，这种信仰被习近平总书记诠释为"中国梦"。"中国梦"不是平均主义，它可以激发每个公民的梦想并给予他们实现梦想的机会。它是真正的幼有所教，每个孩子可以无拘无束地成长，并且通过公平的教育来发现自己生命里被赋予的特质，而不是眼下的重复式、填鸭式、标准式教育；它是真正的壮有所用，每个劳动者都可以通过自己真诚的付出来获得自己应有的报酬，分享这个国家日益强大的成果，而不是今天经常性的被迫加班；它是真正的病有所医，每个普通的民众都看得起病，不会再因为一场大病就变得家徒四壁，更不会因为看不起病而在家自行了断；它是真正的老有所养，不必再让我们的老年人在晚年的时候还需要通过抵押自己的房子来赚得生命最后的尊严。你若问我有什么信仰，我就会回答，我坚信这个国家会茁壮成长，并愿意为之付出我的努力。

纵然我们身边还有很多不公，我们的社会还有很多不完美，我们的国家还有很多方面不尽如人意，但我们一定要看到那些为了这个民族兢兢业业的人："最美教师"、"最美妈妈"、"最美司机"、"最帅交警"等等。青年人，决定着明天这个国家面临巨大挑战时的表现，你想成为一个什么样的人，就会成为一个什么样的人。就像是卢新宁引用过的话那样"你怎么样，中国便怎么样；你是什么，中国便是什么；你有光明，中国便不再黑暗"。所以不要惧怕身边小小的阴霾，这是我的祖国，我希望它变得更好。

至于信仰，我想，它就是一份相信，一句嘱托，一个梦想。

11.
信仰红色中国

2013 级外国语学院 / 黄帅

　　信仰是人生旅途中的一盏导航灯，指导人们走向属于自己的终点。然而，"信仰"一词本身就具有两面性，正确的信仰能使人们在康庄大道上昂首阔步，错误的信仰则会使人深陷泥淖，在阴暗的小路上踽踽独行。在我看来，在社会主义的中国，信仰人民，信仰红色政权，才有远大而光明的前程。

　　我们不会忘记，在新民主主义革命胜利之前，中国的命运在黑暗的统治里举步维艰。自从有了中国共产党，中国革命的面貌就焕然一新了，在红色旗帜的指引下，中国人民万众一心，赶走了日本侵略者，推翻了国民党反动政权，取得了革命的胜利；我们不会忘记，中国共产党这一红色政权给苦难深重的人民带来了迎接光明的希望，红色的社会主义阵营给人民带来前所未有的信心；我们不会忘记，毛泽东时代的中国在革命的澎湃激情里蒸蒸日上，前辈们用他们的一生建设伟大的祖国；我们也不会忘记，改革开放后的中国以怎样一种豪迈的心情，实现了跨越式发展。我们有理由相信，中国人民的选择是对的，红色的中国将继续以其顽强的生命力，在世界舞台上展现巨龙腾飞的风采！

　　"山不在高，有仙则名；水不在深，有龙则灵。"可以说，正是中国共产党的腾空出世，让中国这片充满古老底蕴的土地迸发出崭新的生机。我们有理由信仰这样一个给中国人民带来幸福的红色政权，我们有理由信仰这样一支军纪严明、守土卫疆的红色军队，我们更有理由以一种舍我其谁的魄力，去追寻强盛中国的中国梦！当曾经的红色帝国苏联轰然倒塌，当空想社会主义的乌托邦灰飞烟灭，唯有中国这一共产主义的信仰旗帜仍然屹立不倒，执着地坚持着社会主义道路，这难道不是为千千万万的人民力量所支撑、为强大的红色政权所守卫的结果吗？实践证明，中国的发展模式经得住历史的考验！

奥斯特洛夫斯基的经典名句如今仍令我记忆犹新——"人的一生应该这样度过：当他回首往事的时候，他不会因为虚度年华而悔恨，也不会因为碌碌无为而羞耻；这样，在临死的时候，他就能够说：'我的整个生命和全部精力，都已经献给世界上最壮丽的事业——为人类的解放而斗争。'"看到当今中国综合实力不断提高，国际威望与日俱增，我不禁感受到一个钢铁般坚强的国度正在铸成。我们对人民与红色政权的信仰，终将化作为中国乃至全人类的解放事业聚集的强大力量！

正因为有了上述认识和信仰，我选择了中国人民大学。在这里，同学们奋勇争先、努力学习，心中悄然树立起对校园东门大石头上镂刻的四个大字——"实事求是"的崇敬。只有先实事求是地读书、做学问，实事求是地做人，才能坚定自己人生道路上的信仰，才能在成为"国民表率、社会栋梁"的道路上阔步向前！

正因为我们要做到实事求是，所以我们才不能忽略中国在社会主义发展道路上所走的弯路。十年"文革"给中国带来深重的灾难，我们不能让它湮灭在历史的灰尘里；当今中国党政机关中出现的腐败问题，我们不能视而不见！在我的信仰里，人民的国家能够勇于面对惊涛骇浪，能够自我批判。回避自然无益，一味地归咎于体制问题更加无益。人民需要的是渐进式的改革，需要人民所依靠的红色政权展现出力挽狂澜的魄力，带领人民扬帆起航，驶向光明的前方！

或许正是党和国家的发展道路上出现的失误，令西方人误以为中国人没有信仰。西方人以一种高傲的姿态宣扬着人权，妄图传播他们自以为是的基督式的安乐。在我看来，西方人永远不会明白中国人自始至终信仰着的集体主义。早在春秋战国时代，孔子就发出过"世界大同"的诉求，唐朝杜甫的诗句"安得广厦千万间，大庇天下寒士俱欢颜"成为脍炙人口的经典，这不正是中国现行社会主义制度的本土根源吗？西方人因为过于强调个体的自由，才有了所谓的两党政治、轮流执政；而我可以骄傲地说中国特色社会主义发展模式同样适用于当今社会，一个古老大国的豪迈将在这种制度下展露无遗，它便是中国人民选择的——民主集中制！

在我的信仰里，人民与红色政权的有机结合，能带来先进的生产力。红色中国60余年的发展，走完了欧洲人依靠少数资本家所谓的民主200年方能走完的路。中国的悄然崛起令西方社会感受到深重的压力，他们妄图用西方社会的价值观同化中国，然而他们忽略了人民和红色政权的力量。毛主席曾经说过："帝国主义都是纸老虎，一切先进武器都敌不过人民的汪洋大海。"中国人等来的不会是苏联式的毁灭，而将是新时代的到来。中国人民所支持的红色政权将把中国引向时代的高度。

12.
每一代中都有能够扛起肩上重任的人
2011级财政金融学院／胡治宇

什么是信仰？张信哲在《信仰》里唱的是："爱是一种信仰"、"我爱你是忠于自己忠于爱情的信仰"，而我认为，所谓信仰，就是你在相当长的时间里（甚至有可能是毕生）所坚信、所守候、所为之努力奋斗的，这有可能是宗教、爱情、理想、知识等等。

什么是我的信仰？说实话，以前还真没想过这个问题。可以说，在过去相当长的一段时间里，我是没有信仰的。即便有我要为之奋斗的东西（比如高考要考入人大），那也不能称之为信仰，因为它只是一个短期的目标。或者说是梦想，能在短期内实现，也就不值得你去长期坚信、守护和奋斗。虽然目前我为自己的信仰困惑，但我却知道，信仰也是有时代性的。

我爷爷外公那辈人，出生在旧社会，过的不是一个人应该过的生活：或战乱，或饥荒，或疾病，或苛政……饱经磨难，在他们的眼中，进行革命、国家稳定、生活安宁就是他们的追求，也是他们的信仰。我爸爸妈妈那辈人，兄弟姐妹很多（那时国家没有实行计划生育），家庭负担很重，也不能像我们一样得到上一辈人的悉心呵护。经济改革、恢复高考、下岗再就业等，他们都赶上了。在他们看来，生活富足、谨言慎行、爱护子女就是他们的信仰。

到了我们这一代，国家稳定、生活富足、社会也千姿百态了，我们又有什么信仰呢？

　　我发现，有拜金的，宁愿坐在宝马车里哭也不愿在自行车后座笑；有拜物的，宁愿不要自己的肾也要 iPad；有坑蒙拐骗偷、吃喝黄赌毒；有三聚氰胺、"地沟油"，有贪污者、以权谋私者，有"潜规则"、各种"门"，有"我爸叫李刚"……人说林子大了，什么鸟都会有。因此，有人悲观地认为，一代不如一代啊，中国整体堕落了吗？

　　作为一个 90 后，我从来不这样认为。虽然有那么一部分人是这样。但，很显然，这一部分人代表不了所有人。我们会看见有雪域里的熊宁，有长江边的何东旭、方招、陈及时，山村里的洪战辉，汶川、玉树、舟曲、奥运、世博……他们无处不在。有这些人在，有他们不为自己、只利他人的信仰，谁敢说我们堕落了！美国当年有战后"垮掉的一代"，哈雷摩托、马龙·白兰度、破洞牛仔裤、打架斗殴、无组织无纪律是他们的代名词，社会上对此普遍悲观，认为他们堕落，美国的堕落也开始了。可结果如何呢？现实让他们失望了。塞林格的《麦田里的守望者》让他们读到了不一样的这一代，硅谷、华尔街让他们看到了不一样的这一代。正是这"垮掉的一代"，撑起了美国自 20 世纪 70 年代以来的辉煌。

　　写到这里，我对自己的信仰渐自清晰，有关自己，有关时代，也有关国家：如果可以，我愿意，和我们这一代人一起，像美国那"垮掉的一代"一样，撑起我们国家明天无上的荣耀与辉煌

13.
携笔从戎，报效祖国

2011 级法学院／刘锦润

抱负是高尚行为成长的萌芽。国防生，一个响亮的名字，一个朝气蓬勃的群体。作为一名国防生，我想说，我志愿携笔从戎，报效祖国。

"雄关漫道真如铁，而今迈步从头越。"这是我进入大学生活的第一感触，但我有一个梦想，从小就有一个肩扛徽章的将军梦，并把它作为未来可期的希冀。为了让梦想在阳光与绿色中成长，我奋力前行。或许正如毕加索说过的一样："你就是自己的太阳。"正是因此我喜欢太阳，喜欢它的晴空万里，喜欢它的锐不可当；我喜欢绿色，喜欢它的朝气蓬勃，喜欢它的坚毅刚强。

我想说大学其实是人生的一道坎儿。迈过这道坎儿我知道了许多，不再迷茫和消沉。在人生的路上，只有你自己才能改变自己的命运，才能驾驭生命的航向，在人生的路上，你就是自己的太阳！是啊，只有我自己才是自己的太阳啊！我自己就可以给自己阳光的力量。怀揣梦想，我会重新上路。夜色朦胧中，我会与自己赛跑，挥汗如雨，痛并快乐着。

在我看来，人民大学会是我人生中最色彩斑斓的舞台，每当看到"立志国防，携笔从戎"这八个大字之时，我的心情总是充满激情，为了心中的绿色梦想，为了实现人生的价值，我把斑斓多彩的愿望打进背包，加入了直线加方块的行列。

不同的选择有着不同的人生。

马克思说过："如果我们选择了最能为人类福利而劳动的职业，我们就不会为它的重负所压倒，因为这是为全人类而作出的牺牲。"也许我并没有那么高尚，但既然选择了国防事业，成为一名国防生，那么，我就愿意孜孜地追求，愿意维护这一未来职业的荣光。保卫祖国，建设祖国，奉献出智慧乃至生命，创造价值，全社会共享。

虽然我不一定富有，但我的收获将是社会的敬仰。

国防生，生为国防，为国防而生！经意不经意的选择，我的生命颜色中增加了一抹耀眼而凝重的绿色；选择了国防，交付了青春，我将在军营实现自己的理想。作为年轻的国防生，深知无限的责任，包含着无上的荣誉，荣誉和责任同样都会给我勇气与智慧。

我自信，因为我是一名大学生；我坚信，自己能成为未来的军中栋梁。

14.
科学指引人生

2010 级国际关系学院 / 李宛霖

大学的我们，心中除了期待之外，总会有一点点幻想。这是个什么样的社会？将来的我又会是什么样子？有了专业的我们，是否还需要一点信仰来支撑我们的心灵呢？我想这就是思想道德修养这门课对我们最大的意义——探讨我们未来的人生路，树立自己的世界观、人生观、价值观。

现今社会，有信仰基督教、佛教、道教、伊斯兰教的，面对这些，刚进大学的我就像是走马观花似的，找不到自己的定位。一定要信仰这些宗教吗？我们难道要靠这些甚至是有些虚无缥缈的神明来安慰我们自己吗？所谓的宗教信仰只是狭隘的"信仰"。而广义的信仰，是一种能够支撑我们心灵的力量。也许是一个人，也许是一件事，也许是某个地方，甚至是一句简单而厚重的话，都可以是我们的信仰。

在大学生活中，迷茫、空虚、不知所措，这些都是我们可能会出现的情况，但是上过《思想道德修养与法律基础》老师的课后，我又重新认识了自己，重新认识了社会，认识了生活，原来拥有一份信仰是如此的重要。

有人信仰神明，只是在很多事情上，我并不认为通过一味地祈祷就能够完成任务或是突破难关。无论做任何事情，都要靠自己不断地尝试和努力。因此，在宗教方面，我没有特别的崇拜或是信仰。

　　然而信仰不仅仅是宗教方面的，还有理性主义的信仰。我相信科学的力量，科学的准确性让我们认识到世界的各个方面。文艺复兴是人类理性主义的开端，人们从"神创造人"的思潮，渐渐转向"人性"的方面。我确信这是一种进步，一种对真理的探索。

　　有人说，信仰是真理及对真理的追求。我认为这说得很对，但是何为真理？是不是一千个人就有一千个真理，那么人又要信仰什么呢？纵观历史，我们不难发现，无论是宗教信仰还是理性主义者，都是具有一定的正确性的，并且也在一定程度上适应社会的发展。在古代社会，人类生产力的发展水平限制了人们的生活水平，大自然的力量让人畏惧，似乎只有信仰才能够缓解人们的恐惧。天神、上帝甚至是动物信仰，都是当时人们对真理的探索，是能够适应社会发展的。不过，这只是一方面，很多没有宗教信仰的人们还是过着一般人的生活，比如理性主义者，他们相信科学、相信真理，通过理性的思考得出结论，通过实践来找到真理。

　　王晓华学者在一篇文章中探讨了"我们需不需要信仰"的问题。他认为，在 21 世纪的中国，我们需要信仰。他说："信仰对于中国人来说绝不是某种精神上的奢侈品，而是走向新世纪的必备素质和前提。我们要时刻拥有判断善恶的真正尺度，就必须学会从最高的高处和最远的远方看问题。"所以，确立信仰是 21 世纪中国人的必修课。我们需要借助信仰的力量使自己生存下去，进而使自己日益强大起来。

　　作为一个学生来说，我用理性的思考方式考虑问题，用时间的观点解决问题，相信社会、相信道德、相信科学，这也是一种信仰。我相信，在科学和理性信仰支撑下的中国，必将走得更加顺畅，也必将越来越强大！

五、不忘儒释道

1.
"佛法依正见而建立正信"

2011 级法学院 / 傅明昊

什么是人生的信仰？简单地说，信仰就是你对自己生命的看法，就是明白我们从哪里来，要到哪里去，到底需要干什么。人有了信仰之后才能确知自己现在在这个世界上活着的意义和价值。

信者，信奉；仰者，仰慕。信仰的中文意思是信心瞻仰之意，梵语译作信心、信解、信仰，即所谓"生无信仰心，恒被他笑具"。信仰是由个人的世界观、人生观、价值观与伦理观所构筑的信念体系，是个人用以衡量利害关系和精神追求的最高准则，它虽然没有教会人们如何谋生，但却奠定了人们一生的思想追求和理想境界，决定了是乐观、积极地从自然走向自由，还是悲观、消极地适应人生。

当代西方学者普遍认为：从广义上来说，每个人都有信仰，不论他自己是否意识到这一点。区别仅在信仰对象的不同、目标的高低、离现实的远近而已；从狭义而言，真正的信仰是建立在理性的基础上，是对社会的观察、对人生的感悟、对问题的思索的积淀结果。它有崇高、明确的信念，并能自觉地将这一信念贯彻一生并获得永恒的意义。这也正如亚里士多德所说：这是一种高于人的生活。

对于信仰与理性的关系，当代中国学者也逐渐形成了共识。那就是正确的人生信仰绝对不能离开理性。即使是研究宗教的学者或神职人员也在现代化的过程中接受了理性，如济群法师就认为："佛法以信为能入，智为能度。"认为要进入佛境首先必须有信（信仰），但要从佛法中得益则必须依靠智慧（理性）；只有对佛法起信仰，才会去认识和理解，才有能力去行使和实践；反过来，对佛法有了深刻理解和切身实践之后，才能使信仰得到进一步深化。

印顺法师则将其概括为："佛法依正见而建立正信。"也就是说，如果没有正见（理性的理解）为基础，信仰就很可能落入迷信乃至邪信中。

信仰的特征是精神层面的超越性，正如马斯洛在《动机与人格》一书中将人的需要分为生理需要、安全需要、归属和爱的需要、尊重需要和自我实现需要五个层次一样，作为有理性的人除了满足基本的物质需要和生理需要外，他还追寻着一种更高的价值意义，甚至神圣性的东西，而信仰正好满足了人这方面的需求。信仰作为人类精神的支柱，具有崇高的终极的神圣价值，体现了人生超越有限渴望无限的终极意义。在他看来，信仰是人生的信念、支柱、目标、准则、意志和创造力的最终来源。没有信仰的人，也就没有真正意义上的希望、信念和目标，没有意志和创造力，生命对他们来说只是时间的流逝和谋求欲望需要的满足，是没有价值的。尽管在现代社会中人们的物质生活比较富足，但富足不能保证人生苦难的减少和挫折的遭遇，更不能保证人生的充盈。现实世界的复杂和艰难以及人生理想的难以实现、真善美的难以追寻都使得人不能不到信仰中去寻找寄托。由于人是有限的，因此人为设立的尺度也必然是不完善的，但是人又并不甘于此，总有一种强烈的愿望要准确无误地量度、评判每一个人的所作所为的价值何在、意义何在。为此，人类就有必要将目光投向神圣的价值尺度及其制定者，由此取得人生意义的客观的和超验的标准。对于向往无限永恒的有限人类来说，这种精神追求的无限和绝对使得信仰具有了绝对的价值，这种价值就在于人类超越自身的具体的道德生活而体现为一种终极关怀的诉求。

信仰的超越性决定了一个人的信仰对象越具体、越注重物质方面，他所背负的枷锁也就越沉重、越紧固。这是因为他将其自身命运同其所信仰的对象紧密地联系在一起，形成一种生死攸关的利害关系，从而导致其一生被其信仰的具体对象所操纵，甚至沦为自身欲望的工具。反过来，一个人的信仰对象越抽象、越注重精神方面，其所背负的枷锁也就越轻、越自由。这是由于其所关注的对象不是现实中具体的利弊得失，而是隐匿在现实背后的人生真理，对人生真理的探求赋予人智慧与勇气，在领悟真理的同时也认识了自己。

2.
不忘儒释道
2011 级劳动人事学院 / 高琪

看到"信仰"一词，不禁想到曾经在高三学习最繁忙的时候与一位信基督教的同学进行过的一次深谈。那是个有些腼腆的女生，可每当历史课讲到宗教改革，讲到西方人的宗教信仰时，她总能激动地站起来向老师解释教材的漏洞。她有着像欧美电影中标准基督徒的身材——瘦削但笔挺，更有着对宗教的热情，即使在被课业纠缠、根本无暇分身的周末，她竟也能按时到教堂做礼拜。出于好奇，我问了她这样一个问题："你相信上帝，胜过信自己的父母、亲人、朋友？"

她淡然答道："这是不一样的，我爱我的父母，可我更相信上帝。"

"可是我们，还有你的父母，我们都不是基督徒啊！"

"So I pity you！"她认真地看着我，眼底一片坦然，丝毫没有了平时嬉笑的影子。"你知道吗？全世界的成功人士、慈善家、所有心地善良的人，他们都有一个特点，就是信仰耶稣基督，渴望传播福音。而像你们这些没有信仰的人，我有时候甚至都不知道你们活着是为了什么。"

一下子被同龄人看成是行尸走肉般的存在，我心有不甘："话不能这么说啊，怎么能一棍子将人打死？基督徒也有善恶之分。"

"那些作恶的、冷血的，他们并不是真的信教。"思考了许久，她这样对我说。

我并不赞同她的观点，我那时单纯地认为她被宗教洗了脑，她似乎也单纯地认为我被马克思主义附了身，谈话自然不欢而散。然而那次交流却使我认识到，信仰，是高于一切的，甚至能够带来人的性格和与他人关系的转变。

在我看来，信仰不等同于理想，它一经确立，便很难改变；信仰更不等同于信念，它比单薄的信念更加系统，也更加丰满。有人说：信仰是人心灵世界的核心，决定了人们的精神状态与社交圈，宗教信仰更是如此。可在我看来，个人的信仰绝不能成为交往中的障碍。

诚然，有信仰是一件好事，它使人生有了为之奋斗的目标。然而这不意味着信仰会将人划分为三六九等，更不是发生口角甚至暴力活动的借口。回顾历史，多少爱尔兰的朋友因天主教或新教反目成仇？多少犹太家庭生活在基督教与犹太教的夹缝中？再看看当今印度大规模的宗教纷争，动辄死亡数百人。宗教信仰，早已俨然成为心怀不轨者发动战争的最大盾牌！

然而，让我们回头想想，信仰宗教，难道不是为了让彼此更幸福吗？那么，为什么一定要以一颗闭塞的心推开异教呢，为什么在语言、人种和性格都不是问题的今天，信仰却成了最大的隔膜？

有人说中国人信仰缺失，另一些人认为中国人信仰混乱，并将其归根于宗教信仰自由政策。可我认为，中国人从未失掉信仰，信仰的多元也未尝不好。诚如《中国人的信仰》中所说，"中国人的信仰就是仁爱、和谐、真诚，即爱和真。我们直接信仰天性，因为这里面有来自大道母亲的光"。怎能因为我们的信仰与西方不同，就武断地认为没有信仰呢！千年前，我们便信仰儒家的长幼有序，信仰道家的归顺自然，就连自印度传入的佛教，广袤无垠的中华文化也迅速包容了它，磨平其棱角，将苦行僧修行式的小乘佛教转为依靠顿悟，也将度己转为度人，进而将大乘佛教推而广之。所以，无须在有信仰的西方人面前妄自菲薄，儒、释、道的结合，这便是国人传承千年的信仰，也是我的信仰。

现在的问题是，在国人道德危机与信用危机的双重夹击下，该如何重拾那份久违的信仰。信仰必须是由衷的、自觉自愿的崇拜和追求。依靠威逼利诱不能产生，也不能维持和改变信仰。一味抱怨自己身边人素质低下，或一味羡慕西方国家宗教的先进都对改变现状无济于事。加大对古典文化，特别是对儒教的宣传，从教育层面上真正引导对精神力量的重视。毕竟，我们每个人的身上流淌的是华夏祖先的血，千年的谦卑与仁义早已被写进了国人的基因之中，需要的，仅仅是将那四维八德彻底唤醒。

我知道国人对儒、释、道的看法仍充盈着曲解，信仰的重塑必将路漫漫而修远，但我愿坚持自我，正如开篇时所提到的那位虔诚的基督徒一样，即使身处逆境，即便孤立无援，也愿坚持自我，只因这是我，也是我们所有中国人共同的信仰。

3.
从宗教中感悟信仰

2010 级国际关系学院／李康立

我没有宗教信仰，但十分尊崇宗教。无论是印度教、佛教、伊斯兰教、基督教还是拜火教等等，都是大智慧、大悲悯的宗教，以其教义为核心所形成的信仰，只要不偏激，在我看来对人类并无害处。

而我对信仰的认识是：信仰是一种高于世俗的超拔气质，一种凝结人生智慧的不屈意志，一种指导人生的绝对存在。宗教或是将信仰具化为一个形体（如耶和华）或抽象出一种观念（如六道轮回），本质上都是为了指引人类、教育人类。我们所认为的信仰，就是我们摒除了所有动物性与欲念后，还能留下的精神；而我的信仰具体而言，就是人的主观能动性："人定胜天"的精神以及悲悯的情怀，即所谓"恻隐之心"。此二者构成了我的信仰的基石。

我一直认为，人类是一种很有弹性的动物，可以无限拉伸，也可以无限收缩；可以无限高贵，也可以无限野蛮。信仰是将人拉离罪孽深渊，使精神不断跃升并防止其堕落的原动力。我坚信的"人定胜天"，是对人类改变自身能力的肯定。我们可以通过自己艰苦卓绝的努力，将自己磨砺成龙泉金剑，打造成何氏璞玉；也能够通过自己坚持不懈的追求，完成社会、历史的伟大进步。另一方面，"恻隐之心"是我所认为的人类最高品质，也是我一直信奉的信仰的另一部分。"己欲立而立人，己欲达而达人"，"己所不欲，勿施于人"，人类正是靠着恻隐之心，才能相互理解，相互扶持，构建出一个庞大的社会网络，而恻隐之心更是你心灵的润滑剂，让你在喧嚣的俗世世界保持内心那份柔软与平静，让你珍视亲情、珍惜友情、珍重爱情，让你成为一个有着山河高贵与冰雪清澈的完整的"人"。

其实，这都是我从宗教中感悟到的。耶稣为赦人类原罪甘背十字架，摩西领导人民走出沙漠，宗教人物往往是人类崇高精神的载体。而且我发现，历史上大部分伟大的人物都是有着宗教信仰的，所以我倾向于认为，有宗教信仰是一件好事。不管怎么样，人可以没有宗教信仰，但不能说没有信仰。一个有信仰的人可以站着死去，一个没有信仰的人可能趴着苟活。我坚信，如果我一直秉守着我的信仰，就能走向世俗的成功，更能走向灵魂的圣洁。

4.
善意的宗教信仰值得尊重
2011级国际关系学院／次仁旺姆

信仰对于个体而言，具有极高的意义，甚至超越了理想、道德标准。一个没有信仰的人是可怕的、危险的。事实上，没有信仰的人是不存在的。每个人总有各种思想，同时也或多或少与别人有这样或那样的不同。这些思想的背后即是一个人的信仰驱使的，因而，每个人也就有所差异。

正常、心智健全且健康的人所具有的信仰具有这样或那样的共性，这其实是人类价值共识的体现。如向往真善美等，这些信仰对人类社会发展都有自己的贡献。

信仰是不可取代的。每一种信仰都值得尊重，正如每一个人的个体合法权利应得到承认那样，任何旨在通过意识形态的压迫和灌输是违反正常文化发展规律的。

就具体个人而言，信仰也是会发生变化的，甚至由于某件重大事情使人的信仰也因此发生根本性的转变，因此，人不必因为一时信仰的空缺与混乱而恐慌，最重要的是有所感悟，有所体验，有所提升。

我们每一个人对于他人的信仰态度应当保持一份理解、尊重与宽容。无论有怎样的差异，人追求理想目标的精神不会变。人的希望、对未来的向往不会变，因此，并不需要因信仰的不同而产生过多的分歧与争议。求同存异是一种可取的态度。

对我个人来讲，所谓信仰仅是有一种轮廓而已。当然，我也容易受到各种思潮的影响，为此，应该提高自己的判别力，做出一个适合自己的选择。

另外，人与人之间的信仰是有差异的。但是拥有共同信仰的人也的确可以产生一种极大的向心力，艰巨的事业通常是在这种信仰的支撑下突破的。

我并不是一个坚定的无神论者，我相信神灵与来世的存在。我认为宗教基于人性而言是必需的，因为你无法脱离人性最本质的思考——畏惧死亡。我认为死亡这个问题在无神论者看来必然是个终结，何况无神论者也无法保证其百分之百的正确性。换句话说，无神论也是无神论者的信仰。现今的宗教更多的是一种现实宗教，倡导的是一种善意与现实，并非所有宗教徒都是唯心主义者，他们同时具备着唯物主义的思想。

同时，我信仰群众主义，希望在满足自我基本需求的同时也能对社会做出贡献，对他人有所帮助。这才是一个有用的人，有着自己能为之坚持的理想。若成官则泽民，若成商则富民，若一无所成则无害他人。

5.
令人向善的伊斯兰教信仰

2011 级财政金融学院 / 何玥焜

信仰是人们所必需的，什么也不信的人不会幸福。

——雨果

信仰，我理解为一种精神支柱，支持人们笑对世事变化，看淡成败得失的力量，一种明确且坚定的信念。在现代社会里，尽管我们仍然在用宗教、主义来界定人们的信仰，但实际上我们更多地将其简化为一种精神力量，即我们所持有的生活态度，这种解释使得信仰更加贴近我们的生活，不再显得那么缥缈。

当信仰简化为一种我们坚持并且践行着的生活态度时，我们可以说每个人的信仰各有不同，一个人可以信仰任何宗教，但一个人不能没有任何信仰。对此网友有过一个形象生动的比喻：一个人如果没了信仰，那就像刚起床不洗脸一样对自己毫不负责。

我从未对自己的信仰做过一个总结。我是回族，大多数时候我是秉持伊斯兰教的教义来对待身边的人和物的，它告诉我们要向善，要行善，要乐观对待生老病死，也许这其中带着些客观唯心主义色彩，但它对我的待人接物、为人处世方面，的确有着深远且积极的影响。甚至在面对生活中一些无能为力的事情时，它能给我带来一定的情感上的疏解，让我能更快地去接受。我的生活态度也与此有异曲同工之妙，也可以说是受它的影响。我觉得人之所以称之为人，是因为他享有在世界上生存的权利，也正因如此，这种社会性动物自然要相应承担在世界上生活的责任与义务。因此，我的生活态度，抑或是信仰，即为尽力承担着每一个在我生命中出现的责任，通俗来看，就是及时行善，善待世界。

社会中总有一些评论，说当今社会缺乏一种集体的信仰来更好地作用于维持社会秩序，并且鼓吹宗教带来的力量。我并不认同这种观点。我觉得是大众普遍将信仰高大化，让人们觉得信仰离我们遥不可及。但我认为事实并不是这样的，在我看来，大多数人的心中是有信仰的，只是信仰的层次不同。有的人只求温饱，则自然安于现状；有的人兼济天下，则自然忧民忧国。当今社会出现这样那样的道德缺失问题，只能说明，中国社会多数人的信仰层次还不高，没有形成一种高层次的信仰来推动社会道德的进步与发展。

但我不禁要问，泱泱中国，千年文化，从先秦的诸子百家，到如今对儒家观点的普遍认同，我们从不缺少文化，从不缺少思辨，从不缺少哲学，为什么历史文化的积淀未能提升我们的信仰？为什么物质文明未能真正带动精神文明的提升？为什么历史上一次次的社会思潮没能真正将其理性的精神光辉照耀到亿万中国人的身上？中国人到底怎么了？

信仰的提升绝非一朝一夕之事，也并不是仅靠社会有识之士的号召就能改变的。只有每一个公民真正觉醒起来，才能真正让高层次的信仰存在于每个人的心中。最后我想说，科技一年前进一步，道德一千年前进一步，希望我们能用我们的信仰，推动道德的进步，真正为子孙后代留下一笔宝贵的精神财富。

6.
道德和佛教皆融于心

2011级国学院 / 许乃心

信仰，是个深刻的字眼，我至今也不能用具体的简短的言辞来描述它，姑且以我浅薄的认识先来探讨一下究竟信仰是什么。

首先，毋庸置疑，信仰是有宗教意义于其中的。如基督教、佛教、伊斯兰教等等，他们信仰神灵、圣人、自然、超自然、生殖、神秘力量，或是其他的什么。宗教是信仰的一种，但信仰并不等于宗教。

信仰是人类的终极生存目标。有时信仰甚至会走向极端，引发恐怖主义或是区域战争，然而我更愿意相信信仰大部分时间带来的都是积极意义。它使生命的存在由毫无意义地活着变成了有追求有价值地活着。

我的信仰是什么？这个问题我思考了很久，可是依然没有弄清楚。我想一部分应该是道德，另外一部分则应该是佛教。

道德的部分是为人处世的原则与底线，它教我认识责任、承担责任，教我如何调解矛盾、如何与人相处，教我认识社会的规律和原则，从而选择正确的行为和生活道路。

然而宗教的部分则对我影响更大。我不是佛教信徒，也从未在寺院中拜过师傅听过讲经，可自己看看经书、学学佛理倒也能获得些启迪，我开始懂得万物的因果与联系，开始懂得以平等之心看待每一个人每一种生物。开始懂得随和处世不强求，开始懂得生老病死与生命的无常，开始向内寻求内心深处的自省，开始相信众生皆有佛性，开始体悟"慈悲"与"善"——另外，信仰是不应该与现实生活脱节的，积极的信仰应当有助于人的成长。在认识佛理的过程中，我更加深入地认识自我，同时也不断完善自我、提高修养，这于我的生活是大有裨益的。

信仰其实也是一种制约，对心灵和行为的制约，它让我的生活有了"畏惧"感。一个没有信仰的人是毫无畏惧的，一个毫无畏惧的人也就什么事都做得出来，这是非常可怕的。比如当我的行为不符合我心中的道德准则，我会难过，良心会受到谴责。这就是信仰对我的制约作用，这让我有原则地活着。

信仰之于我，是生命的必需，是灵魂的安驻点，是一种让我于浮躁处安定宁静，于困苦处坚定不移，于得意处平常淡泊的力量。

7.
佛学信仰使我坦然

2011 级统计学院／邹逸君

很多人常常把信仰和宗教、迷信联系到一起。实际上，信仰不仅仅包含宗教信仰，而宗教也不等同于迷信。信仰是人的心灵被某种主张、说教、现象或神秘力量所震撼，从而自动建立起一套人生价值体系。共产主义是一种信仰，宗教是一种信仰，科学也是一种信仰。

我是从大约两年前开始信仰佛教的。从我很小的时候开始，就有着强烈且执着的好奇心，一直想要真正了解这个世界的本源、生命的意义、社会发展的规律以及其他一些抽象的道理。然而我自小所接触到的各种学说和观念，往往都有着强烈的排他性。即唯一的真理，我拜的是唯一真神，我走的是唯一道路，其他的都是错误的，要有恶报的。然而这些学说和观念，很难讲清楚为什么这个就是唯一真理，唯一真神，唯一道路，并且难以涵盖所有的方面，它们有的自相矛盾（如基督教旧约的内容），有的偏激武断（如尼采的哲学观点），有的思路狭窄（如部分论证科学）。但是，从理论上讲，真正的真理，应该可以解释容纳世间的一切现象观念，因而必须是包容性的。只有当我深入接触到佛教之后，才发现佛法是关于宇宙生命最彻底最全面的学问，是最终极的智慧，真正地寻找到逻辑上契合完美，内容上包罗万象的世界观。

促成我学佛（我如今持居士戒，食素，不饮酒，不杀生）的直接原因是因为佛法乃是去除烦恼之法。在我高二那年，我经历了目前为止最惨烈的低谷，并且开始意识到，不仅仅是名利钱财，所谓的辉煌成绩、聪明才智和所谓自由都不能真正使我快乐，而我所汲汲追求的事情都没有太大意义。我试图摆脱绝望的情绪，但用尽了办法都不能成功。所幸在这段时间里，我认识了一个性格、经历都与我极其相似的人。他也曾有过和我一样的困惑和痛苦，而正是佛经中的道理使他能够坦然面对这些，并且摆脱负面的情绪乃至偏激的性格，成为一个善良平和、积极乐观的人。于是在他的影响下我开始从佛教经义中寻找我要的答案，一读之下，宛如忽遇明师，积年之困惑顿解；终逢知己，半生之不平渐消。以前种种难以排遣的苦痛心酸折磨辗转，恍如漫天云雾，不知不觉，已被狂风吹散。在那之后，我真正开始学佛。

也许作为一个有信仰的人，最难堪的就是当别人抨击自己的信仰的时候。可笑的是，目前这种抨击并非来自于信仰冲突，而是来自于身边那些没有信仰的人。随着时代发展，宗教之间的互斥逐渐减少，有信仰的人往往彼此互相尊重，即使他们的信仰不同。但没有信仰的人却常常肆意嘲笑别人的信仰，更可悲的是，这些人主导了社会的舆论。很多没有信仰的人，常常在完全不理解一件事物，没有调查没有研究的情况下就对宗教信仰者怀有恶意的揣测。他们以科学为借口，抨击宗教信仰为封建迷信，却全然不在乎宗教在发展过程中正在与科学互相印证；他们嘲笑拿工资的和尚和替人算卦的道士，却从不去考虑他们根本就不是真正的宗教信仰者；他们认为持戒的人行为古怪，却不明白他们所做的一些事情不过是出于人人都该有的仁爱；他们嬉笑着丑化或意淫别人敬畏的圣贤，以为显得自己高人一等，却不知道这实际上是素质低下的表现。

　　我认为，如果我们不理解别人的信仰，最起码应该尊重他们。即使要反驳，那也是在真正了解这种信仰内涵之后才有资格这样做。

　　我作为信佛之人，会尽力使大家接纳我的特殊，也会尽力使自己做得更好，不至于使大家把我自身性格上的缺点投射到所有的佛教徒乃至所有的有信仰的人身上去。我会逐渐地让大家了解佛教及其他宗教信仰的教义，不是为了劝人学佛，而是消除他们的偏见。也希望能够以自己的行为影响他人，成为平和仁慈的人。

　　各人的信仰不同，根据每个人的经历智慧，不同的宗教，适合不同人的需要，哪种教义、主义、思想能最有效地去除你的疑惑和烦恼，让你得平安、得喜乐、得解脱、得智慧，哪种就是最合适你的。但其中所包含的善良、诚信、友爱、仁慈却是相同的。唯愿大家都能包容和理解别人的信仰，让信仰能够在中国有一个好的发展环境。

8.
心中有佛，孤独即逝

2011 级财政金融学院／董博堆

人的心灵充满了各种各样的烦恼与困惑，而其中最基本却又最难以应付的问题可能就是孤独。

孤独是与生俱来，与生命同在，它来自灵魂深处，惧怕孤独，可以说是人性中致命的弱点。面对孤独，人往往变得软弱、无奈，甚至恐惧，因此我们想尽一切办法来填补它，回避它。我们假装整天忙碌，没事找事，不让自己闲下来，以防孤独乘虚而入。不幸的是，所有的事物都无法让我们真正彻底地战胜和排解孤独。即使是被古今中外无数的文学作品所热情歌颂和深情赞美的爱情，从根本上来说也是如此，狂欢之后依旧是寂寞。我并不否认爱情在人类生活中的意义，但面对人类心灵深处的无限的孤独实在有些无能为力。正如一位哲学家所说，两个孤独的灵魂在一起，终究还是无法超越孤独。

然而，一个人如果有了真正的宗教信仰，情况就完全不一样了。宗教信仰是人类永恒的精神家园，它使我们的心灵不再漂泊，不再流浪。信仰能赋予生命全新的意义和价值，能给人以坚定的信念、顽强的勇气和无穷的力量。信仰能给人心灵停歇的港湾，给人真正的幸福与快乐。其实，我们每个人都是有意无意地生活在以自我为中心的世界里，若走不出牢笼，那么孤独与痛苦将会时刻与我们同在。

佛教对此的透视，十分深刻。只有当你完全放下自我，完全敞开心扉，用一颗真诚、宽容、平等的心去热情拥抱他人之时，孤独便会悄然离你而去。此时此刻，你会发现，原来生活是如此美好，这便是信仰的力量。

一个对佛教有真正信仰的人，必定能认识到假象和虚幻，认识到自我执着所带来的无穷的痛苦，一个对佛教有真正信仰的人，他会用慈善之心去温暖、抚慰他人的痛苦。一个对佛教有真正信仰的人，内心总是充满了无限的喜悦，他始终会心存感激，哪怕是天上的一片云彩，空中的一缕清风，地上的一棵小草。

心中有佛，孤独便将消弭，消失，消逝。

9.
极高明而道中庸

2013级公共管理学院／李素伟

《法苑珠林》卷九四曾道："生无信仰心，恒被他笑具。"信仰能够驱使人们应对不幸与灾难时坚强前行，团结一心。信仰最根本意义是能够赋予短暂人生以永恒意义。如果既不能遁隐于世又不想随波逐流，那么就值得拥有一个正确且坚定的信仰。

我爱学习儒学经典《论语》一书，学习孔子恒启后人、永放光辉的精神思想。提升人的心性，使人心明亮起来，是儒学经典根本价值所在。而我从中得到的精神信仰，便是中庸之道。极高明而道中庸，圣人之道，虽然高明远大但实践起来却不离于百姓日用。"庸"为平常，修养即是要在平常生活中的言行上下功夫。的确，"天道远，人道迩"中国有重实际而轻玄想的传统。夫子教导知行合一，谨慎言语，做事敏捷，正是非，便是我对这种信仰的最好解释。

行中道是孔门弟子务必掌握的治学准则和人生大则。比方说处友问题，子曰："忠告而善道之，不可而止，毋自辱焉。"夫子说："要忠言直告，又要善加引导。若不听则罢，不要自取其辱。"交友处人，是人生中不可或缺的方面，要有真诚之心，又必须具备智者之心。用好中道，则能使你的心境冷静地保持在仁智并施的最佳状态：忠告时要推心置腹，要将心比心；引导时要灵活有度、恰到好处，此乃"善"也。如此做了以后，若朋友不听，当即停止，不要继续。所以从处事的水准和有效性来讲，中庸为德是最高境界。

　　除了中庸之道，孔子的其他思想也让我获益匪浅。对于死亡彼岸的话题，儒家主张"未知生，焉知死"，意思是活还没活明白，哪有工夫想那个。这的确是让我醍醐灌顶，回味无穷。此外，治国要法治、德治、礼治并举，并且同树人一样，要有百年奠基的长远规划，杜绝急功近利的不实之想和有害之举；礼本节俭、俭省从众、绝奢宁固的信念，反映了中华民族崇尚淳朴的美德。

　　人生价值的实现是建立在信仰支柱上的，信仰需要完整的理论，科学的解释，从而充足自己内心。席慕蓉在《我的信仰》一诗中写道："我相信，爱的本质一如生命单纯与温柔；我相信，所有的光与影的反射和相投。"女诗人信仰爱与单纯，信仰自然与美好；科学家爱因斯坦信仰科学真理，无核主义。有信仰就有动力去追寻我们心中的那片热土，任凭世事变迁，依然涛声依旧。红尘陌上，独自行走，绿萝拂过衣襟，青云打湿诺言。山和水可以两两相忘，日与月可以毫无瓜葛。一个人的浮世清欢、细水长流，需要信仰，需要不断领悟。在此，希望在大学中能领悟到更深层次的信仰，坚持那份该有的坚持。

10.
博爱基督

2011 级法学院／南阿英（留学生）

　　信仰，既是宗教的基础概念，也是基本态度。因此，难以定义。在人和宗教中都有自己崇拜的对象。

　　我对基督教有信仰。基督教，是以新旧约全书为圣经，信仰人类有原罪，相信耶稣为圣子并被钉在十字架从而洗清人类原罪、拯救人类的一神论宗教。基督教发源于犹太教，与佛教、伊斯兰教并称世界三大宗教，最早期的基督教只有一个教会，但在基督教的历史进程中却分化为许多派别，主要有天主教（中文也可以译为公教、罗马公教）、东正教、新教（中文常译为基督教）三大派别，以及其他一些影响较小的派别。

　　其实，我从出生时开始到现在信仰基督。换言之，我是继承父母的宗教。所以很自然地接受了基督教。信仰的继承，在基督教叫"母胎信仰"。我去教堂开始学基督有价值的教导，这时候，是建立自我良好的价值观与道德标准。因母胎信仰，所以比较容易接受基督教，但是在信仰的自主方面，遇到些困难。因为，我对基督教产生信仰的自主性之前，对我来说信基督教只是一种义务而已。父母让我去，所以我才去教堂。

　　一个宗教给社会带来的影响是多方面的，有积极的影响，也有消极的影响。比如说，佛教有宝贵的文化遗产、护国精神，儒教有忠孝思想，基督教有教育、医疗和文化上的发展和人人平等，等等。

我认为基督教给社会带来的影响之中最大的功德是博爱。这在任何情况下都带来积极的效用，产生了许多的慈善机构，而且他们在全世界的许多领域展开了援助活动。宇宙万物是一个相互联系的整体。在生命世界中，一种生命的生存发展必然会依赖于其他许多种生命的存在。在人类社会中一个人的生存发展，也必然会依赖于其他许多人的存在。所以，正是物种的多样性构成了人类丰富多彩的生存环境。正是各色人等生生不息的生活与创造，构成了我们每个人赖以生存的日新月异的社会环境。所以，爱所有的生命，就是爱人类的生存环境。爱所有的人，也就是爱我们每个人自己的生存环境。保持生命世界物种多样性的相对稳定,就是在保护人类发展的未来。保持所有人的生存和生活的权利，就是在保持社会的相对稳定，因而也就是在保证我们每个人生存生活的良好社会环境。所以，耶稣基督所倡导的博爱，虽然有的时候会不被人重视，但是它对人类社会乃至更广阔的生命世界的发展，都有永恒的价值。

11.
我信仰佛教的宽容

2013 级外国语学院 / 程妍

爷爷和姥姥是信佛教的，所以爸爸和妈妈也信佛教。

小的时候，每天都是四点半起床，和爷爷一起爬"百望山"，在山顶上和一大堆人打坐，跟着音乐一起唱"阿弥陀佛"，然后七点再回去上幼儿园。姥姥家在河北，她有一间大屋子，里面全是佛像，每次过节回姥姥家，都要按种类定量给各个佛像进贡食物，然后一一磕头。令我一度惊讶的是给每个佛像的磕头数量和方式都还有不同。与之相比，爸爸妈妈就没有那么虔诚，每次吃饭的时候盛的饭和菜先供奉阿弥陀佛，等五分钟再自己拿回来吃，"有事相求"或者过节时就烧几炷香。

在他们的影响下，我或许能被称为佛教徒。在逐渐长大的过程中，我明白了可能这就是人们说的信仰：我们都是信仰佛教的。可是我又很疑惑，难道进贡一些食物，拜拜佛，磕磕头就能被称为信仰吗？佛教想给我们传达的是什么？我们信仰的又是什么？

同样和佛教盛行的还有基督教，这也是我除了佛教外还知道一点的教派。据说有很多美国人都是基督教徒。有信仰的人能在"世界末日"来临之时，找到心灵的庇护，一起诵经等待灭亡，而没有信仰的人则会在孤独和恐惧中死亡。

很多人说中国是没有信仰的国度，但我并不认为在面对死亡的时候，外国人能比我们拥有更多坦然。不是我说我信什么教，就代表我有什么信仰。我见过无比虔诚的教徒，每餐饭前全家一起祷告；也见过只是做做样子的，买了昂贵佛像摆在家里，寻求心理安慰的。

基督教似乎很强调"上帝"，其实我是不太懂它的含义，我也不知道大部分的基督教徒懂不懂。过去他们利用人们的信仰巩固统治，而现如今顶着各种名义给北非、中东带去灾难。

而佛教更强调宽容博大，希望佛教能给全世界的人民带来福祉。然而，大肆修建各式各样的寺庙，让老百姓进油钱，花钱买香；生前求这求那，死后诵经超度等等，又似乎违背佛教思想。

我不敢说谁是真有信仰，谁是假有信仰，但是谁是真的知道自己的信仰是什么？

有一次，妈妈上香，嘴里念念有词，我便知道她肯定是有什么苦恼需要阿弥陀佛的"帮助"。但那所谓的帮助，无非就是希望我高考多考几分，希望我们家人身体健康，诸如此类。我问妈妈，你求了这么多年，阿弥陀佛真的为你带来了好运还是为你做成了什么事情吗？妈妈一愣，说：没有。我便越发诧异，我们信仰的到底是什么？

我想，南无阿弥陀佛或许是讲究普度众生，但也不是你有什么心愿，只要你磕多少头，拜几尊菩萨就能帮你完成。如果大家都是上几炷香就能心想事成的话，那也不会有那么多痛苦存在于人间了。

我以为佛教对于现今的意义或许在于它所传达的精神，比如宽容，比如顺循自然。

宽容二字说来简单，但有谁能像佛祖一样宽容呢。宽容于自己也宽容于他人。无须要求自己去做一些力所不能及的事，也原谅别人对你造成的伤害。不用求阿弥陀佛让你腰缠万贯，对自己宽容，吃饱穿暖就好，何必挥霍？不用求阿弥陀佛惩罚哪个恶人，对别人宽容，有时候忘了仇恨，也就收获了快乐。

　　顺循自然可能也是一样，也许是我们过于强调自己的能力，所以忽略了自然的法则。"无量寿佛"中有个寿字，所以人们便以为信仰佛教可以长生不老，想要逆道而行之，也就违背了佛教本来的意图。

　　我的信仰是佛教，只是因为我崇尚它的精神。

　　只有当我们真正学会了宽容，学会了去顺应自然，学会了信仰之中真正想要我们去信仰的东西时，或许才能得到佛经中描述的快乐，让自己的人生更加轻松吧！

12.
心之所念，佛陀所在

佚名

鸿蒙初碎，混沌的黎明可以听见黑暗急促的喘息，摇摇欲坠。等不及，灵魂的巨擘撑起天地危在旦夕的良知，奋力攀爬在烈火中飞升的图腾，一面信仰的哭墙。

耶路撒冷通明的灯火照亮沙砾中的救赎，藏北高原猎猎的风旗抖落满地跪拜的虔诚，十字架勒出的血痕指明了来世的幸福。如果一定要问清朗的星空一个生与死的答案，如果一定要找到灵魂所在，如果一定要记起似曾相识又素昧平生的间隔，如果一定要辨别下一步是前进还是归途。人，在日月精华中初生的光点，在森林与河流里穿梭的精灵，没有在寒冷中冻结为支离破碎的文明，没有在黄沙里埋没为风干松脆的遗骸，却常常在自己的内心面前望而却步。只是，因为孤独。

情感的频率没有因时空转换而错过了节奏，佛陀的法眼看透万丈红尘间起起伏伏的欲念，却不愿付之一笑。智慧向前走，实力向前走，物质文明在科技一次次脱胎换骨的蜕变中飞驰，只留下寂寞的心独自停留。在血脉中绵延的敬畏与期冀只能在信仰通道中走向安宁，婴儿的啼哭惊破千年的余音，岁月在往复中才不再玄奥。人在众生中才不再害怕。从归属到皈依，岂止山水迢迢？打开信仰的大门，满地荆棘，穿不过，远望真实的自己，明知是到不了的彼岸，也要一个共同的港湾，就像祥林嫂迈不过的门槛。信仰的阶梯，华丽的圣殿，将万物囚在唯一的法则中。人叛逆规则，却依赖规则；人标榜自我，却一叹一息都吞吐别人。信仰是平等的外化，是团体的总和；只不过在精神的高度，对一个心的王国肃然起敬，显示有太多迷惑，太多伤痕，太多无能为力。信仰就像手中的神木在真实的钢丝上游走也不会失衡。在泪流满面的夜色里找到心心相印的悲伤，找到在玄妙的宇宙间渺小生命注定的足迹，找到触摸不到的温暖，播下希望的种子，人喜欢和天契合，和历史并肩而行，拉着结伴的双手，多么远多么黑心里澄澈，痛也短暂。信仰是一个方位，主是一种暗示，是心壁的回音。

爱的初端或恨的生发。信仰是一种控制思维的能力，使人心河波涛，给善的冲动一个激越的奖赏，给恶的快感一个罪恶的牢笼。信仰生于多，化一为整，宇宙也是心球。信仰归于一，迷茫的思绪，收集为独自的对白。

我不敢说我有信仰，扪心自问，我从没为精神的铜像浇铸混合着血泪的金衣。我的行为没有明确的框架，我在与人无害的原则下生活，偶尔会犯错然后原谅自己，大体坦荡自在，但我更不敢说我的心里没有神灵。在无奈的境遇中我抱怨过宿命；在和朋友聊天时谈论起佛与上帝，我或许会标新立异地侵犯神祇，这亵渎常常令我独自一人时不安和心悸；在衣衫褴褛的老道对着我的手相叹息时，我会有莫名而强烈的苦恼，在忤逆父母的同时我非常担心他们知道。我感到我的良心在地狱的砧板上煎熬。在考上人大的那一刻，我真心地感谢上苍赐予我的一切，几乎热泪盈眶。我不相信那些口口声声自诩我是传奇的天之骄子，因此，没有在焦急等待和无力的挣扎中祈求上天的庇护。人很渺小，古训说成事在天。我相信天意，也相信天道酬勤，我在继续努力着。人很渺小，生活很大，有上天的怀抱当作外衣，不会寒冷。

乐于思考，但从未成体系。首次打开信仰的闸门，困顿的洪流几乎击垮我单薄的堤坝，我不敢看着迷惑丛生的荒原。我想起对我的生命意义极其重大的女孩，她并不靓丽，也不温顺，对我刻薄、质疑、否定，她极少对我关怀，用甜言蜜语欺骗，用卑劣的行为伤害。她操纵着我情感的细线，将和颜悦色的美好一网打尽。她如此残忍地侵吞着我心灵的底界，让我在自我毁灭中痛不欲生。可我依然思念她，她曾说她爱我。我不知我是信仰了一份虚无缥缈的感情还是信仰她，还是信仰了信仰本身的圣洁。我曾对自己发誓永远不离开她，初遇时她是我心中天使的化身，我曾对自己发誓可以为她做一切、忍受一切、抛弃一切，我不知这是否算是将自己定在爱情的祭坛，或许是责惩的枷锁让我看到她故作高尚的面具下自私的内核，看清后也有勇气漠然，一段青春落幕阑珊。如果心中的火烛在遥不可及的彼岸，那这边的你一定会始终温暖，因为即使它熄灭，你也能看到那冷寂的青烟，所以信仰不能物化，不能亲近，不能为信仰而信仰。岌岌可危的信仰是干燥的森林，一触即发，万念俱灰。就像她在我心中逐渐暗淡的面颊，遗忘之日，我年少的激情覆灭，可我的精神世界却复活了。

我并不叛逆，我崇拜主流，我向往着爱国主义，也渴望历史的潮流给我一次扛起使命的机会，那我也可以义无反顾地走向光荣。生长在父辈均为共产党员的家庭，我不知是从戴着红领巾的孩童还是挂着团徽的少年时起，也许只是因为相信这条红色的通途是对的，从懵懂走向附庸风雅的成熟，不论是兢兢业业的苦读还是粪土当年的愤怒，我相信每一个同龄人心中都有一块红色的圣地。别人不可触碰，自己甚至不承认，可它却始终是理想和信仰停泊的桃园。

如果信仰只是装饰灵魂的纽扣，我宁愿脱下教主的红衣，还原赤裸的本心。我迷惑遥远高原慎重的叩拜是否真的可以是海底福音，我迷惑麦加的守望和繁复的洗礼是否真的可以走入天国。我怀疑在校园里招摇过市，刻意袒露十字架的男女是否真的心有耶稣。我不忍看信仰成为哗众取宠的捷径。谈及信仰时，多么麻木的双眸都会掠过一闪而过的深沉，可那些早早在周末去教堂做弥撒的信徒，为何在举手投足间毫无悲悯之心，我想我永远难以解读亲近神明的充实，我也相信信仰合理，但我不解信仰是否可以作为分享的剩饭，和别人一起吞咽自己的灵魂。

信仰无罪，每一个确定的因素都因为无限大的偶然而走向未知。生命环环相扣的蝴蝶效应，也曾因风吹草动而演变为难以接受的信仰，不过是给在追溯中千疮百孔的逻辑一个终极的结点。将能力之外的假设归咎意念，备受质疑的中国信仰已在舆论的枪林弹雨中抬不起骄傲的头颅，层出不穷的恶相让国人在信仰面前毫无反击之力。中国人开始扪心自问，流浪的民族是否还可以找回失落的精神支柱。

温顺的华夏民族在未曾间断的时间之流里从未侵犯过他人的河堰，被夸大的人性弱点，在自我否定的趋向下扭曲变形。在没有信仰的指责下一个庞大的种族是否应立在历史的明镜之前，照一照思想的本来面目。庙宇和道观不是信仰的栖身之处，肯定或否定，是一念之差。中国人首先要走出近代屈辱中形成的自卑阴影，相信已有信仰，信仰才能原路返回。

信仰的重塑实际是人走回自我深处的洞穴，在晦暗的罅隙间发现惊艳而又真实可触的曙光，然后豁达开朗，身心释然，摒弃先入为主的批评，让心灵随彩窗旁洁白的信鸽起舞。在许愿池里重拾信仰的福音。我想人最笃定的，不是卷轴中娟秀的字符，而是自己内心的声音。用文化的复兴让人们在与自身对话中学会接受也学会思考。经济发展矫健的步伐让人们跟不上思维的速率。唯有文化价值体系的重建才能帮助精神领会精神。切莫怨怪中国的思想教育是道德沦丧的诱因，中国塑造民族精神的努力已在一代一代的成长印记中走得很远很深。放下偏见，放下怀疑，放下在意识形态的必然要求中隐藏的真谛，将"八荣八耻"具体化，将精神文明建设广泛化，将真善美的灯塔点亮在力所能及的远方。人在迷茫时崇尚偶像，在犹豫时需要导航，在正义与邪恶交锋时需要助推，接受不完美，信任真诚，然后一砖一瓦，都是信仰的圣殿。

不要怨恨信仰的迷失，它不是烟花，盛绽缤纷还有燃烧后的尘埃。不要畏惧信仰隐没，心之所念，佛陀所在。

后记

这本小册子是由中国人民大学刘建军、王易、邱吉和陈锡敏等讲授《思想道德修养与法律基础》的老师提供的，作者主要是中国人民大学的学生。老师们经过初步筛选，将可以用的内容集中起来，最后交由邱吉老师进行整理编辑，最终以五个板块的内容呈现出来，与读者见面。

虽然它只是一所高校的学生关于信仰的思考，在专业代表性上特征不一定突出，但就其时代感、同辈群体特征而言，其典型性和代表性依然存在。因为，这一代大学生，他们生活在同一个时代，面临着共同的社会环境和经济环境。当代人的生存方式、思维方式、价值观念都会从不同的角度，深刻地影响和改变着他们的心理和思想，而这些被社会因素影响后形成的群体心理和思想，自然具有诸多共性特征。将其选取编辑出来，其意义和价值不言而喻。

谈论信仰——这个与人生有重大关系的问题，就学生本身的文字表述能力而言，要很好地驾驭它，实属不易：一是由于阅历尚浅，二是由于平时文字训练不够。但不论是简短的话语，还是隽永的文字；无论是朴素的描述，还是有点"大"、有点"空"的表白；无论是带着一些稚嫩禅味的感悟，还是充满哲理的论述，都是大学生们思想成长的标记，也是他们对人生思考的结果。在编辑的过程中，我们首先以尊重学生们的思考为前提，不刻意为了避免某种"不合时宜"而擅自做修改，除了句子不通顺之处或有错别字加以修改外，其他内容基本保持原样。这样，既让大家能够对社会未来的接班人的思维水平有一个基本的了解，也让在教育一线的老师们对如何开展大学生信仰教育留下真实的思考空间。其次，这些文字，尽管有深有浅、有粗有细，即便其中立意有些"高"的短文，请读者先不要轻易去解读他们的"动机"，甚至用自己的主观判断去加以否定，他们也是多样性中的一分子。尼采说：一切作品中，我只爱作者用他的心血写成的书，你能体会到，心血就是精神。但作为读者，只要我们细细去品读，文中的那些文字，都是学生们内心的独白，也正是在这个意义上，我们将本书名最终确定为《信仰告白》，这样更贴近文意本身。

有些许遗憾的是，本书最后一篇——《心之所念，佛陀所在》的文章，因为未署名，特地委托各院团委老师寻找作者，几经周折，依然未果，但觉得文章写得不错，不忍割舍，只能以佚名的方式列出来。如在此书出版之后，写作此文的同学若能见到，请与我们联系，再版时重新署上名字。

这本小册子在编辑的过程中，要感谢中国人民大学研究生和生、梅雪、赵畅和赵紫玉同学，他们在前期做了最初的海选工作，后期又做了校对工作；同时，要感谢中国传媒大学的贾邱皓、高效、赵阿宝、李梓童同学，他们做了前期的录入工作；另外，还要衷心感谢中国青年出版社的王瑞老师，没有他的鼎力支持，这本小册子就不可能以这样的方式与读者见面！

编者

2014 年 2 月 15 日

（京）新登字 083 号

图书在版编目（CIP）数据

信仰告白／邱吉主编 . 一北京：中国青年出版社，2014.7
（与信仰对话书系）
ISBN 978-7-5153-2474-6

Ⅰ.①信… Ⅱ.①邱… Ⅲ.①大学生－思想政治教育－研究－
中国 Ⅳ.① G641

中国版本图书馆 CIP 数据核字（2014）第 112352 号

责任编辑：方小玉
装帧设计：华　夏

出版发行：中国青年出版社
社址：北京东四 12 条 21 号
邮政编码：100708
网址：www.cyp.com.cn
编辑部电话：（010）57350503
门市部电话：（010）57350370
印刷：三河市世纪兴源印刷有限公司
经销：新华书店

开本：700×1000　1/16
印张：16　插页：2
字数：180 千字
印数：1-5000 册
版次：2014 年 12 月北京第 1 版
印次：2014 年 12 月河北第 1 次印刷
定价：24.00 元

本图书如有印装质量问题，请凭购书发票与质检部联系调换
联系电话：（010）57350337